비전향장기수의

희希 원願

양희철 지음

도서출판 **비움과 채움**

국립중앙도서관 출판예정도서목록(CIP)

(비전향장기수의) 희원 / 지은이: 양희철. -- 서울 : 비움과
채움, 2017
p. ; cm

한자표제: 希願
ISBN 978-89-93104-41-7 03810 : ₩12000

한국 현대시[韓國現代詩]

811.7-KDC6
895.715-DDC23 CIP2017009293

머리말

양희철

흐른다. 밀려간다. 쉬지 않는 흐름.
동참이 늦었단들 늦깎이로 앉았단들
어떠랴 인생이 그런 것이 아니던가.

겪었던 어젯날
일본제국의 식민으로,
미제의 제국주의 교육으로 더렵혀진 머리
외세가 일으킨 6.25 전쟁과 참화
그리고 조국의 이방지대요 인권의 사각지대에서
감옥살이 37년. 청춘을 앗겼고 생각도 사상도 저당
잡혔던 시절을 넘기고, 이제 부스스 깨어났으니
무엇 하나 옹골찬게 있을라구.
그냥 허둥일 뿐.

단상의 단편들을 모아 책으로 엮었다.
부끄럽고 미안을 앞세우고 보니 격에도 율에도 안
맞는다. 읽으시며 고개 끄덕여 주신다면 그것으로
부끄러움을 달래리라.

벼리

벼리

벼리

벼리

벼리

벼리

벼리

새해를 열며

발자취마다 고이고 싸인
너덜너덜 뭉개지고 악취가 진동
당기고 잡아안을 것 하나 없는
그러려니 해도 가려쓸 만 한 것 없다
어젯날이 그랬다.
다 버리고 새롭게 내딛고 싶다.
간 밤 꿈에 오른 쪽 갈비뼈가 아팠다
저리고 쑤시고 고름이 났다
어떻게 해야 되느냐며 늘샘에게 물었다
저리고 쑤시고 고름난데를 도려내라 한다
했다. 저림도 쑤심도 아픔도 깨끗했다.

옳거니, 너덜대고 뭉개지고 악취까지도
도려내고 내 것으로 채우거라. 그리고
새롭게 시작하는 거다.
미제의 탐욕도 깡그리 없애고
그 주구들의 무지몽매도 현명으로 갈아 넣고

통일의 광장에서 뛰게 하고 일하게 해서
함께 기쁨 나누게 하라
그들을 통일역군으로 되기까지.

새벽 산책

이른 새벽
이불 밑
잠자리 따스한데
시간을 가늠하니
4시 20분

못된 것 고뿔이란 놈
말간 콧물이 뚝뚝
싫은 것이 고뿔 뿐이랴
버릴 것이 게으름 뿐이랴
벌떡 몸을 솟구친다.

바깥 바람
이리도 상큼한데
벌써 막혔던 코
펑! 뚫렸다.

관악산 내린 능선
둘레길 따라
뽀얀 안개 자욱
절간 풍경소리에
매화 노랗게 먼저 피고
아직 싫고 찬 가난이
아침 맞이가 헐덕인다.
언제쯤
외로움 날려버린 꽃길 같이
막 피운 개나리 화사함 담아
통일의 새벽 열어낼까
바람 상쾌해라
새벽산책길.

까칠한 새벽

건조한 날씨
까칠한 손바닥
문방사우 갖추진 못했지만
벼루돌 챙길 일 반가워
갈아볼까 연적물 기울여
당묵으로 맴돌질 할 제
지필이 조용을 모르고
일필지휘로 남 북 통 일
한데, 손바닥 손가락이 까칠
이 새벽 밝기 전
남기고 싶은 것
마자 쓰라 한다.

새아침

고요를 뚫고
어둠을 재우며
조용히 아주 조용히
입춘 지난 나흘
봄을 일깨우는
새벽비 내린다.

이 새벽
촉촉이 젖은
가랑잎 깔린 숲길을 오른다
익은 길이라지만
발길에 나무뿌리가 채이고
잎 떨군 가지가 얼굴을 스친다.

남녘!
어둠 깔린 산야
여명은 분명

동녘 어슴푸레를 걷우고
먼저 깨어난 서녘으로부터
산과 들 도시와 마을을
열고 내릴게다.

상쾌를 살갗으로 받으며
고단한 발걸음 부지런히 밟아
밝아 올 새아침
마중할 너와 나

머리에 어깨에 젖어얹힌 새벽비
오히려 감미롭다

배어든 물끼
털털 털어라
아침은 밝아라
이렇게 밝아온다.

아침

먼동이 트기 전 어둡다 어느 때보다
새날을 맞기 위해 새도록
어둠 꽉 찬 것을 비우고 퍼내며
밝음으로 채우기 위해
초저녁부터 아침이 오기까지
그리고 잠깐 멈춘 자리에 찌꺼기로 남은 어둠
이제 새날의 햇님이 솟고
수고하고 애타게 기다린 이 앞에
기쁨과 보람으로 맞이할 아침
이제
준비한 자를 준비한 자가 맞이하고
대동의 세상 함께 하는
통일의 그 한마당에서
얼마나 좋으냐며
춤추리 새날의 아침을

맞는 아침

계절이 바뀌는 어울목에
스잔이 부는 바람 끝에 안개가 인다
산허리 돌아 슬며시 다가온 보슬비
노랗고 붉게 떨어진 잎새 먼저 적시고
맨머리 눈섭 끝에 이슬이 맺친다.

이내 개이겠지
이내 새겠지
스잔이 부는 바람도
자욱한 안개도
돋는 기운 펴지는 햇살에
내리던 보슬비 자자들면
화-ㄴ한 아침 밝아오리니
이룩해 낼 우리의 염원
앞당겨 다가오리니.
스러질 고난도
없어질 환난도

그리움의 추억으로 될
삶의 터 이 강산
아침은 빛나라
하여 열심히 오늘을 만든다.

공원의 아침

아침 공원 드문 인적
하지 하루 지난 숲뜰에선
새끼들의 배고픔을 채운다.
발발발 양깃 떨며
엄마 뒤쫓는 참새새끼
모둠발 깡충깡충 뛰다 날으는
까치새끼 떼 엄마 먹이 받고
긴 걸상 밑에 오송송 털 핥는
새끼 고양이 거느린 엄마
엄마들 새끼들 피하질 않네 사람을
인총이 늘어나는 공원
고양이도 까치도 참새도
새끼 데리고 숲으로 들어라
단단풍 오리나무 푸르름
산들이 부는 바람결에 나부낀다
꾀꼬리 청아하게 건너 숲에서 노래하고
두견이 이 아침 울어예는 슬픔

애절히 네 뜻 전해받을 이 있으려나
애환을 곱씹으면 환희가 있을까
기쁨을 뿌리거라 고달픈 사람에게
그리고 초목도 짐승도 또 사람도
함께 어우러지는 대동세상이길.

이슬비 내리는 아침

잎에 떨어지는 이슬이듯
조용히 내린다
새들의 노래도 멈추고
인적 드문 숲길에 정적이 스민다
조용한 아침을 맞는다

소리없이 내리는 가랑비
적시네 젖어내리네
매말랐던 대지(大地)
말라들던 초목(草木)

오렴아 주룩주룩 내리렴
목말라 했던 인심(人心)
말라 까칠한 심전(心田)
얼룩진 일상 위에 내리렴 주룩주룩
정가(政街)에 청와대에 여의도에
다투는 싸움박질로 가뭄 탓이러니

워싱턴에도 런던에도 베르린도 파리도
험악해진 마음 시원히 씻어주고
맑게 바르게 새로 설 수 있도록
사랑을 앞세워 평화로울 수 있도록
주룩주룩 내리렴
단비야 내려라.

대영춘(待迎春)

봄을 기다린다
겨울을 거부하며

겨울없는 봄을 꿈꾸려 했으랴만
하도 혹독한 세월이었기에
방한(防寒)의 허술함을 책(責)하기도 했지만
부정하며 싸웠노라
잉태한 봄을 믿었노라.

하수상한 세태 떨치고
푸르른 융단의 길 열며
억세게 다져진 몸과 마음 살우어
환희의 깃발 날리며 맞을
대동의 봄 통일의 봄
봄을 기다린다.

봄이 오는 소리

봄이 봄에게 손짓한다
얼른 다가오라고
목말라하던 봄이기에
싸인 눈언덕 밑에서
덜 풀린 얼음장 부수며
참고 아꼈던 인동의 여력으로
치솟아 움으로 싹으로
앞당겨 오란다.
한 생 끝자락 매달리듯 갈망하듯
지금까지 바랬던 봄은 언제쯤일까
들리듯 잡힐 듯 통일의 봄
옹골찬 지심으로 빚어올린 그 얼 그 봄
봄이 오는 소리
심장의 박동에 얹혀 만나볼거나
들린다 잡힌다
봄이 오는 소리.

꽃샘추위

경칩 지나 오후 따뜻한 햇볕
한창 봄을 빚고있는 백매화
늦은 시간 해떨어져 서늘이 바람 불드니
산수유 꽃봉오리 움추러들고
복수초 노란 꽃잎 추워서 납작 엎드린 듯.

세상살이 어찌 험난이 없으랴
팔팔한 젊은이들 부려달라 웨치고
무상급식 대열 서기도 힘부친 로인들
웬놈의 군사훈련이 날씨를 얼군다
따스해야 할 이 봄날을
키리졸부는 무엇이며 독수리는 웬 것인가
풀리지 않은 날씨
오는 봄 시샘인가
물렀거라 꽃샘추위야.

봄비

이른 새벽
시원히 내리다 자자든 봄비
우산 하나 들고 산책길 오른다

산정에 다 오르도록 인적 없고
젖은 땅 부드러움 느끼며
여름을 미리 본다

우거진 숲 꾀꼬리 노닐고
딱따구리 보금자리에서 새끼 빼내고
산벚나무 빼찌 까맣게 달고
흑장미 분홍색 열매 신맛을 돋을 거고
숲그늘 우거진 잣나무 소나무 고로쇠나무
녹음방초승화시(綠陰芳草勝花時)
솔바람 불어 시원타

누가 탓하랴

피고 익는 계절과 시절을
젊은이들 일할 수 있게 하고
뼈빠지게 일했던 어르신들
노후보장 당연히 국가가 해야지
시원스레 스쳐부는 봄새벽 봄바람
발등 젖어도 좋아라
봄비 맞으며 산을 내린다.

봄 심기

무엇을 하시나요
봄을 심지
해동이나 한 후에 하시지요
양지바른 담밑 봄은 왔다니까
난초가 땅을 뚫었어
쑥도 났고 벌금자리도 컸는 걸
씨앗을 흙에 넣고
난초도 뿌리갈이를 해야지

정녕 봄은 이미 왔는가
심을 봄이 있는 자
빌릴 봄이 있는 자
하냥스럽다.

봄을 심으며

동토였던 황무지에 삽질을
찐득한 차진 흙을 헤집고
봄을 뿌리고 다졌다.

햇볕에 일렁이는 향긋한 내음
아른거리는 아지랑이
하마 꽃눈이 볼록인가
양지바른 담벽 밑 냉이 깔리고
추위 견뎌낸 봄동배추 윤기 자르르
부지런 떨며 잘라 날으는 박새
음 이월 보름날에
심으며 뿌리며
봄 여름 다짐하듯
우리의 봄 통일의 봄도
자연스러움에 실려
찬란한 우리의 봄으로
다가 왔으면,

봄을 제대로 피우기 위해

개암나무 느정이
햇볕 받아 연갈색으로 하늘인다.
담밑 토종난초 한뼘 쯤 나풀이고
삽질 끝에 산나리 뾰쪽이 얼굴 보이고
산수유 개나리 노란 빛으로 환하다.
대지에 봄을 놓고 간
이 땅에 봄을 심고 간
자연이여!
전쟁을 충돌질, 평화를 교란한다.
미제와 일제 그 추종세력 그 앞잡이들
평화의 파괴자여!
봄을 맞으려거든
그 잡스런 마음 깨끗이 씻어라
그리고 물러가라
너희땅으로 가다가 바다에 버리거라.
욕심도 전쟁의 충동질도 버리거라
온 세상에 진정한 봄이 올 수 있도록.

봄은 마음속에 피었다

자연을 따라 배우고
대중의 행동 말씀을 스승으로 모실 줄 아는
다소곳하고 좀은 어눌할 줄도 아는
생각하며 행동할 줄 아는 그런 사람
그런데 그 게 아닌갑다. 말짱 헛탕이다.
안하무인 거칠 게 없고
자신의 주의주장 기어코 관철한다며
주위의 사람을 달달 볶는다. 청와대 여제가
식물국회, 직무유기라며 국회의장 면박이다.
천안문 단상에 올라줬는데 대가가 그 것이냐.
손잡고 추동해줬는데 UN에서 몽니냐며
정신대 옳게 풀어줬으니 무조건 따르라며
기고만장이다. 청와대 여제께서
3.1절 행사장을 안방인 양 휘두르고

눈보라 속에서도 향기 품기며
매화는 화사히 피고

백양나무 햇볕 받아 봄을 빛나니
강위력한 인민의 나라 그 기상
추위 속에서도 빛난다
여제의 생떼와 버리장머리 자자들겠지
없어지겠지. 봄은 저만큼 와 있는 걸

* 청와대 여제(女帝) : 박근혜

봄을 노래하는 우리가 있다

전쟁마니아들의 잔혹한 놀음에
봄은 내쫓기우고
매판매국노의 철면피한 간계에
봄은 움틀 힘도 잃고
사대주의 찌들고 미친 짓에
봄은 어데서 예비하고 있을까
겨울이 없이 어찌 봄을 피우리
혹독한 겨울
사대주의 매판매국 전쟁마니아
이들의 설한풍 동토의 매서움을
싸워 이긴 자리, 이 곳
진정 우리만의 봄을 피운다
봄을 노래할 민중의 노래가 있다
겨울. 가을. 여름. 봄 언제나 불러도 즐거운
우리만의 봄노래
우리만의 봄을 노래할
우리가 있다.

봄을 맞고 보내는

벼르던 조팝나무
언제 피려나 했는데
새하얀 꼬리인 양 활짝 피었다.
위로는 벚꽃이 한창이고
옆에는 지다 만 매화가
산수유꽃도 시나부로 지고
철쭉은 배시시 꽃망울 열려 한다.
꽃은 피고 잎도 피워
서러움 가리고 분통도 묻어라
향기만 넘쳐 강산에 흐르거라
봄을 맞고 봄을 보내는.

봄일꾼

달려온 길 험했다 숨가팠다
허기진 고픔 참아내며
신발창 다 닳도록 뛰고 또 뛰었다
대숲 청솔 푸르름 어찌 모르랴
그 기개 올곧게 세워
소생의 봄으로 피워 올릴 봄일꾼이랴

일꾼! 봄을 일군다 푸르름으로,
여기 한 매듭 크게 묶고
숨 한 번 고루자. 돌아보자.
살 저미고 뼈 깎기는 어설픈 아픔 잊고
송무백열의 염 북돋으며
내달리자 비상하자.
제국주의 떨거지들. 반통일 수구보수들
깡그리 몰아낼 일꾼, 봄을 일군다.

4월

4월!
4월을 이렇게 맞고 보내야 하는가.
꽃과 함께 온 4월
아직 꽃은 피고 있는데
저버린 꽃과 봉오리들
생각케 하는 이 4월
앙금 두껍게 앉아
일렁일 것 없을 듯 한데
쓰린 추억은 현실이 되고 만다.

통곡의 세월 반역의 물결
함성으로 되돌아 와
혈관은 심장의 박동을 끌어 올린다.
아! 한 세기의 포개진 나날
한으로 토해내는 절규

이제 모든 것 쌓아 보듬고

통일로 향하는 희망이고 싶다.

4월은 왔다가고 있는데
보슬비는 내리는가.

4.19를 앞에 두고

밤새 퍼붓던 비 그치고
먼동이 밝아올 근린공원에
분초를 다투며 싹이 터 잎새를 돋우는데
어제 울던 장끵 공원을 흔든다.

오마 했던 님 발걸음 더딘가
4월의 서러움 씹으시느라
겹치는 분노 삭이시느라
아직도 봄맞이 어려우신가
우이동 4.19 돌기둥은 예대론데
노랗고 붉게 핀 꽃들 사이로
행여 오셨다 지나가셨을까
희디 흰 목련 철쭉 망울 돋우는
그 길 따라 이미 왔다 가셨는가
충혼탑 뒤 도열하듯 세워둔
돌 표지석 어루시며 스치듯 가셨을
님들의 그림자만이라도 잡고 싶은데

허허롭고 채워지지 않아
손 마주잡고 비벼댑니다.

오늘을 기약할 수 없는데 하수상해서
다가올 내일을 기약하리까만
4.19의 정신 받들어
인권을 살려내고 가난을 내쫒는 통일
조국통일 만들어 바치겠습니다.

맞는 4.19

세월을 탓하랴 흐름이 멈춘 것을
해마다 피고지는 진달래능선의 진달래
붉어 봄산을 타게 했던
55년전 그 때 4.19
서울이 타고 광주 부산 대구도 탔던
젊은 피로 산하를 물드렸던
도시와 마을 거리와 골목마다
외치는 소리 지축을 울리고
하늘마저 울렸던
  못살겠다 갈아보자
  독재는 물러가라
  가자 북으로 오라 남으로
  만나자 판문점에서
목이 터져라 외치고 외쳤던
그 외치는 소리 총성이 막았고
젊음을 앗아간 이승만의 만행
그리고 잠깐 밝았다 싶었건만

이내 자자들게 한 5.16 군사쿠데타
평화애호민의 공분을 사게 했고
인류의 양심을 불러 일으켜 세운
연이어 일을 낸 군사독재 독단으로
민주주의는 압살당하고
정의는 저당잡히고 말았던
통일조국의 남북은 멀어져갔다

긴 세월 허송했다 안할겁니다
속으로 다지고 길렀던 믿음과 지식
냉혹한 현실에 실천으로 퍼붓고
모순덩이리 풀이헤쳐
민주 평등 평화를 이룩하기 위해서
먼저 민족의 염원 조국통일을
우리의 힘으로 이루어낼 것입니다.
죄송함을 딛고 싸울겁니다.
미안함을 싸보듬고 투쟁하겠습니다.
다시 뵐 때
이루어놓은 영광
동지들께 바치오리다.

4.19 영령 앞에서

반독재 민주화의 화신
반외세 자주화의 선봉이셨던
4.19의 거룩한 넋
우리의 혼몽한 정신 일깨워
더럽혀진 현실 직시케 한 지금
무엇 하나 받칠 게 없고
무엇 하나 일러드릴 게 없습니다.

부끄러움과 죄스러움
민망스러움과 염치없음을 안고
성스러운 열사님들
세계 양심의 주축이신 당신
당신들 앞에 선 것은
매운 매로 징치해주시고
엄하신 말씀으로 꾸짖어 주시어
저히들 우매와 무지 깨닫게 하시어
게으름과 회피 변명과 전가

이 못된 버릇
버리게 해줄 것을 믿기에,
이렇게 섰습니다.
피워낸 계절 화창한 봄
이 봄을 봄으로 받아 느낄 수 없는
수치스런 어젯날 말끔이 씻고
새롭게 마음 다잡고 진군케 하소서
파고 높게 밀려오는 신공안정국이 덮칠지라도
쇠녹이는 화마가 훨훨 탈지라도
외눈 하나 깜박 않고 전진케 하소서.

님이시여! 열사시여! 동지시여!
당신 앞에서 새롭게 다짐하는 우리를 가납하시고
당신들께서 못쓰셨던 지혜와 총명
당신들께서 준비하셨던 계획과 목표를
넘겨주시어 궁리케 하고
행동하는, 실천하는, 싸워 이기는 사람
그런 사람 되게 하소서.

청사에 길이 남을 님들께
영원한 스승이신 님들께
님들을 칭송케 하오리다.

사월이, 사월의 정신(精神)이

봄은 꽃을 피우고 있는데
산꿩 울어 산색(山色)은 너울지고 있는데
산울타리 개나리 피고지고 53년
염원 받아 심고 가꾸기
이루어 낸 보람보다
좌절 소침 실망을 곱씹으며
허탈 자괴 민망을 두른 채
또 이렇게 사월을 맞고

압살 당했던 민권 인권 민주를
발버둥 친 이승만 독재를
분단조국의 고착화를
분탕질 치는 미제의 만행을
목숨 바쳐 이루어내고 물리쳤던
영용하신 4.19 열사 앞에
용서를 빌고 가르침 구하게 되는 것은

외세 간섭없이 자주적으로
존중과 용납하는 민주적으로
강제나 무력 아닌 평화적으로
통일을 꼭 이루겠다고

꽃은 지고 다시 피고 있는데
열사들의 주검 다시 살게 하시사
정의로움 묻혔으되 부활케 된다는 것
열사들의 영광 현실되게 하소서
열사들의 정신 받들어 우러르게 하소서.

깜박하고

4.19 묘역
봄치장으로 환하고
잉어떼 여유로움에 철쭉이 피네
산당화 붉어라 산벚꽃도 피네
진달래능선 오르는 길
숨결 가쁜데 어인 복사꽃
골짝을 덥네 차고 넘치네
도화유수(桃花流水) 묘연거(杳然去)
별유천지(別有天地) 비인간(非人間)
이태백이 아니어도 신선이 된듯
선거도 그럭저럭
진달래 활작 핀 능선 좌대
인수봉 백운대 만경봉 앞에 두고
두견화 입에 넣고 우슬술 한 잔
시장끼도 채워라 참 좋다 산천경개
수요정기모임 때 바쁘셨었나요. 회장님 말씀
깜빡했어요 까맣게 잊고 있었네.

지나놓고 나서도 몰랐던 어젯일
한잔 술에 속병도 허리병도 낫고
통일도 되고 세월호도 풀릴 거라면
까맣게 잊었던 수요모임 쯤이야, 대수랴
허탈을 씹는다, 멍해가는 기억을.

세월호 참사 그리고 분향

이럴 수가 있을까
사람이 사는 세상 아니겠지
갖 맺힌 꽃봉오리 피어보지도 못하고
하고픈 공부 다하지 못하고
사랑 한 번 배워보지도 못하고
이렇게 보내야 할지니.
서럽다 슬프다 원통하다.
고등학교 2학년 제주로 수학여행
얼마나 부풀었던가 얼마나 설레였던가
한데 영문도 모르는 채
그 육중한 배는 우리의 어린 아들 딸들을
놔주지 않았다. 그냥 바다로 가라앉고 말았다.
누가 왜 우리 애들을
누구를 위해 제물로 삼았나.
사악한 무리, 생령을 없수이 여기는
오만하고 잔인한 악마들아!

예쁘디 예쁜 우리 애들
국화꽃으로 테둘은 안에서 내려다보는
이미 천사가 돼 있구나 어여쁜 우리 애들.
얼굴 얼굴 얼굴을 마주보면서 치밀어오른 오열
눈물일레 비는 추적이는데
믿고 살 수 없는 나라 나쁜 나라 똥같은 나라
사람사람 입에서 토해내네
경기도 안산 단원고등학교 어린 학생들 앞에
미안하다 정말 지켜주지 못해 미안하다.

하늘이 분통을 터트리던 날

비가 오고 바람이 불고 천둥번개가 치는
4월 16일의 사납고 슬픈 날씨

팽목항에서 서울시청 광장에서
통곡이 하늘을 성나게 했고
광주에서 부산 대구 모든 도시에서
외치며 눈물 쏟음이 천둥이요 비 되어 내린다
팽목항 찾은 닭대가리
누구도 만나주질 않았고
카메레온의 가짜 눈물도 흘릴 수 없었다
총리나 비서실장보다 먼저
닭대가리 네가 물러나야 한다
정의의 길 양심의 길 그만 떠들고
통일대박 이제 그만 끝내고
모든 것 내려놓고 떠나야 한다

하늘도 땅도 원통하고 분해서

비에 바람에 핀 꽃 내리듯
몹쓸 것 빌붙어 싸가지 없던 족속들
싹쓸이 하라

돋는 잎새도 푸르름을 잃은 양
나는 새들도 지저귐을 멈추고
사람사람 마음 속에 던져진 것
세월호의 생매장 그 슬픈 사연 풀어주고
부모들의 맺힌 한 어루만져 주라는
비가 바람이 천둥번개가 말한다
하늘을 찌르는 통분을 달래라고

MayDay의 날에

시카고의 발굽소리 로동자의 함성
여덟시간 로동으로 인간의 존엄을 찾고자
일떠섰던 126년 전 그 때로부터
동방의 조선 남녘 땅
서울에서 부산대구 인천 도시 곳곳에서
로동조건 개선을 위한 투쟁이 한창인데
서울을 뒤로하고 선영을 찾았다.

반겨주는 이 없고
새봄 맞은 봉분에 신검초 붉은 이삭
상석 옆엔 살찐 햇쑥
이것들이 잔디를 성하게 놔주질 않아.

살아 있을 때 번거로움 놓게
숭조당으로 모시자고
함께 한 누님도 늘샘도 권한다.

대학로 서울 광장에선
로동자의 날에 로동자의 권익을 찾는 싸움
하늘을 찌르는데
미안 다독이며
내일을 위해
귀경길 재촉한다.

미리 보는 5.18

산새 울고 울어 슬픔인가
저 뻐꾸기 울어 꽃이 피고
저 접동새 울어 잎이 피네
두견이 울 때 쯤
산당화 매자꽃 피고
꾀고리 노래할 때
아카시아 흐드러지겠지
높은 봉 깊은 골짝에 아가위꽃피면
5월의 망월동 가는 길
입팝나무 희게희게 피겠지
보이네 들리네 5.18
민주의 대열 혁명의 함성이.

5.18

1980년 5월은
나라인민을 분노케했다.

학살당한 광주 거리와 골목
온통 분통과 격분으로 넘쳐났다
구별없이 보는 쪽쪽
아이던 노인이던 배부른 잉부던
총검으로 쑤시고 베었다.

군부독재의 칼날은
미제와 전두환을 베지 않고
고양이와 개새끼는 그냥 둔 채
인명살상 방화철거가 난무하고
형무소 정치범 갇힌 채 몇 번 죽었다 살았다
한 놈은 식구통 열어제치고
한 놈은 수류탄 까 던지는
전중이 군화발소리에 심장은 널뛰는데

사지는 굳어라 눈은 감아라.

생과 사 구별없는 학살의 현장
젊은이 학생들 총을 메었다
인민을 지키고 도청을 사수하라
처절한 주검 딛고
영광의 깃발 세운 시 민 군
그때로부터 36년
고개 숙여 가신 님들의 명복을
살아남은 자
민주화와 조국통일 실현을
하늘을 우러러 외친다.

5.18 28주년

광주감옥 모스크바사동 3 1 방
채워진 음습 밀폐된 공간 0.75평
이중창 밖 철가림판 사이로 쪽빛 하늘이
백열등 빛을 어둡게 하는 한 낮 2시쯤
헤리콥터 푸로펠라 회전음에 실려
"무기를 버리고 자수하라
시민은 안심하고 생업으로 돌아가라"
확성기 소리가 떨리면서 내리꽂고
살포한 전단지 꽃잎이듯
5월의 광주하늘을 휘날리며 내린다.
공수부대 특전사 정규병력으로
물샐 틈 없이 조이며 압박하는
남도땅 광주여! 광주여!
어찌할거나
총으로 쏘고 칼로 베이고
쓰러져 나딩군 거리와 골목에 주검들
젖무덤이 잘려나고 임부의 배를 갈라

무참은 싸인다 묻힌다.

민주는 도살되고 인권은 말살된
살육의 공포가 도시를 채우고
계엄군 호령만이 하늘을 찌른다.
살인연습의 대상이 된 특별사방
양무릎 사이에 머리 묻고
식구통으로 던져지는 수류탄?
군화발 소리가 살기를 돋우고
바깥 동정에 안테나 높이는데
단말마 비명이 귀청을 때린다
끌려나간 동지의 생사를 모른다
물도 식량도 단절된
외로운 섬 광주형무소
헬리콥터로 날라다준 건빵
물도 없이 목은 메이지만
결코 갈증에 잡히지 않고
고픔에 굴하지 않았다

빛고을 어느 곳 성한데 있으랴
생과 사 경계없는
선과 악 구별없는
정의와 평화가 쓰러져 매장되고

폭력과 살상만이 난무하는
이 때 이 곳 보이는 것 있었다.
정적을 깔고 여명을 헤치고
빛이 보였다 소리도 들렸다
태풍이 지난 뒤 고요로움
광란이 멈춘 자리 허탈 속에서
꿈틀거리고 머리부터 일어나는
밝고 맑은 세상이 보였다.

망월동

- 관제 5.18 행사

참배차 왔을까
빛고을이 반긴 걸까.
어중이떠중이도 분비고 넘친다.

36년 저 쪽
살상의 처참
피다만 꽃봉오리
눈물도 말라 피 쏟으며 총 들었던
시민군의 위용
포개진 시체더미
잔잔한 표면 밑
분노는 부굴댄데
'님을 위한 행진곡' 하나 제창하려고
광주 전남북의 일떠선 민심
어떻게 달래려 왔을까
왔으면 결의하고 실천하라
분단을 없애고 통일뿐이라고

인권도 민주도 평등도 평화도

외세 없는 우리 인민의 지혜
세계를 깜작 놀라게 할 통일
결의하고 실천하라고
망월동 동지들이 말하지 않는가.

찔레꽃 이팝꽃이

- 망월동 가로수

찔레꽃에 눈을 주면 시리어온다
이팝꽃 보면 배곯아 온다
탐스러히 피어 나부끼는 그 자태
궁핍에 곯아 허기질 이 채워줌
망월동 가는 길 가로수 꽃들
희게희게 피어있는 찔레와 이팝꽃
흐드러지게 피어 소복으로 차림인가
금남로 용봉대 백악언덕에서
외치며 싸웠던 시민군의 함성
군사독재는 물러가라
살인을 멈춰라
민주주의를 살려내자
못먹고 주렸던 헐벗은 이들
주먹밥 나르고 찔레꽃 꽂아주던
어머니 누나 언니들의 정성이
망월동 가는 길에 피어났다
희게 밝게 예쁘게 피어났다.

유월은

뙤약볕 받아 논에 밭에 곡식 자라고
밤느정이 하얗게 피울 무렵
산야는 온통 푸르름으로
모심기 끝난 무논 끝 모정에서
농사일일랑 잠간 접어두고
국회의장은 누가 되고
내년 대통령선거를 걱정한다.
도시나 시골이나 사나와진 인심
분통 터지는 말 말 말
일할 권리를
실업을 구제하고 격분을 가라앉힐
그런 사람 없을까
모정에서 피워내는 정치, 열을 올린다
산을 들을 보다가
이 푸르른 6월
2000년 그 때 그 찬란한 6.15 장전
쓰린 마음 안고 뒤돌아 본다

망각이 아니라고 잊을 수가 없다고
이 땅의 구린 치들의 소행
민족을 배반하고 조국을 등진다
저주있으라.

6.15

동포도 딴나라 사람도
평화애호민 다 좋아라 했는데
친일의 뿌리 그냥 뻗어 친미로 된 무리
못된 버리장머리 분단을 즐긴다.
인두겁만 같을 뿐
속창살까지 일본놈 미국놈
요것들이 분탕질에 지랄방정을 떤다.
내일 6.15 십육주년
통일해 잘 살자고 어렵고 힘든 결단
남북의 사람사람 환호하며 반겼다.
함께. 우리 민족끼리
손 맞잡고 6.15 정신 다시 살려
온갖 잡 것들
온갖 외세들 몰아내고
통일로 치달아야 한다.
잘 살아야 한다
그렇게 될 것이다.

6.15 사과 농장

푸르름 얕게 드리운 사과밭 길
알알로 붉어있고
걷우어들이는 손놀림 바쁘다
도란도란 나누는 정담도 바빠라
일년에 한 번
누구랑 있길레?
막내는 몇 살이고?
손님이듯 지나는 객이듯 찾는 게 아닌
바쁜 일손 덜어주고
폐부 가득 찌들은 몹쓸것들 토해내고
개인 하늘 듬성듬성 흰구름
휴전선 넘나드는 비둘기 떼
비무장지대 차타고 들어설 때
호명과 주민증 대조
그 까다로움 다 잊고
이름이 일러주듯 6.15 농장
그 뜻 되뇌이며 한알한알 따 담는

주인의 뜻 피어날지니
화해와 평등 통일의 장전 6.15
이루어지는 날 맞잡은 손 발구르며 노래하리

예봉산에 올라

\- 6.15 정기산행

산세가 가파르다
진달래 철쭉도 다 진 산허리 돌아
우거진 숲 계단길 톺아 올라
몇 번을 쉬어가며 다달은 정상

툭 터인 꼭대기 굽어 내려본다
북한강 남한강 이수지합 두물뭋
가로지른 팔당교
검단산이 지호지간
남한산성이 잡힐 듯 거기 있고
넓은 펄
높이 솟은 성냥갑집
광주 양주를 찾아라 첩첩이 산에 산
묻혀 사는 인총 예봉산이 품음인가
너의 품에 안긴 착한 사람들
넉넉하고 편안스레 쉬게 하라
지혜와 용기 힘과 배짱 부리게 하고

목마른 이 없이
인심나게 하라.
내리는 발길 푸르름 읍조리며
6.15 건각들 통일을 업고지고
내일을 다짐한다.

6월의 산행

재촉해 오른 산마루엔
하얀 햇볕이 부서지고
골짜기로 바람은 내리달린다
나무 스쳐부는 인색한 서풍에
야 - 호 한 줄 날리고
헐떡이며 오르는 산행
나무가지 휘어잡아 잡채길 때도
뙤약볕은 머리 위에 작열하는가

땀은 솟고 숨은 차다.
쉬엄쉬엄 오르라고
도란도란 얘기 나누며 오르라고
살아 일렁이는 산정기에 쌓여보라고
산은 말한다.

산은 또 말한다
젊은 산에서 얻어내고

첩첩한 골골에서 찾아내고
얕은 산 높은 산 봉봉에서 챙겨내고
배우고 익혔을 젊음과 지혜로
백두도 묘향도 칠보도 이어 오를
통일산행으로 치다를
6.15 시대를 관통해 내다를
전민동산악회의 향도가 되라고.

6월의 산행
땀 솟고 숨찬 산행이지만
보람을 안고 오르며 내린다.

첫 매미소리

새벽 잠결에
시원이 들리는 매미 소리
짙은 숲을 울리며
창살 비집고 방안 가득 채운 소리
너의 소리에 더위 휘몰아오는 건 아니겠지

어두운 지층에서 몇 년 공을 쌓던 너
탈바꿈 허물 버리고
참된 세상 맞아 좋아라!
고운 노래 부르며 기뻐라! 하고팠을
응당 신선의 나래에 예쁘게 치장했을 너
이렇게 찾아 든 세상 어떻더냐
슬픔을 보고 분통을 듣고
인간세상 더러운, 썩는 냄새 풀풀이는
싫어서 우는 거냐 억울해서 통곡이냐
비웃지는 말아다오. 세월호 없는 세상
아픔도 슬픔도 분통도 살우어 없애버릴

일꾼들의 분투 믿어라
일깨우며 밀어주자
너의 노래가 아름답게 들을 수 있는
그런 세상 오리니.

관악의 7월

하늘을 이고 구름 안개 두루며
포근이 안아기른
상수리 진록으로 알알이 익어가고
청설모 가지에서 가지로 날아라.

휘어부는 솔바람
잎새에 방울진 이슬
이슬 짜낸 산골의 물
청아이 골짝을 열고
봉천 남현 신림을
과천 안양에 인총을 모으드니
이 7월의 더위
영그는 가을로 치닫게 하네.

모악에서 으뜸 관악아!
어젯날의 흐름 속에
슬픔이 있고 분노가 치솟지 않았던가

내 이웃이 내 민족 단군겨레가
분란의 쓰라림에, 외세의 지랄방정에
결기 서린 분노, 행동하는 양심 발동케 했던가

일러 타일러 민족의 참됨으로
화해 사랑하는 방책으로
가르침 베풀어 통일로 이르는 길
활짝 열게 하라 대동의 비결로

이 7월의 푸르름을
가슴가슴마다에 안게 하라
내일은 분명 좋아질 거라는

7월의 끝자락에서

봄부터 만들던 더위가
장마로 주춤하더니만
소서 대서 초복 중복 다 보내놓고
7월을 온 통 달군다.

숲그늘 검푸른데
참매미 아침잠 깨우고
방충망에 걸린 모기
외로 바로 위아래로 빠질 구멍 더듬는다.
전작권 연장해달라 애걸복걸
주권이 밥주드냐
미제군대 있어 이리도 행복인 걸
민족이, 동포가 별거드냐
주군 미군이 우리네 지켜주는데
주둔분담금 좀 비싼들 대수겠느냐, 며
매국노 민족반역자
낯 두꺼운 줄 모른다.

삼각지 국방부 앞에서
청와대 길목에서
정부청사 뜨락에서
시청 앞 광장에서
애국의 대오
더위와 싸우며 영일이 없다
광장 촛불시위 낮처럼 밝히고
피켙 새겨진 글씨가 나비되어 날은다

촛불은 말한다 나비로 말한다
제발 뉘우쳐 돌아오라고
웨치며 타일러 깨워도 보고
민족양심 각성시켜 나라사랑 하라고
더위 머리에 이고
흐르는 땀 주먹으로 훔쳐 뿌리며
7월의 작열하는 열기로
민족혼 일깨우는
더위를 잡고 서울을 흔들며
7월의 끝자락에 매달린 반역의 무리
이 무리들에게
매미소리 푸르른 녹음 실어 보낸다.
조이 땀 뿌리고 더위 시키노라면

화 - ㄴ히 밝아오는
민족애 조국애에 젖으리
외세가 밥먹여주지 않다는 것
외세가 민족분열 조국분단의
원흉이라는 것
이 7월의 끝자락에서
깨닫게 하라.

8월을 맞으며

몇 마리 잠자리 머리 위 날라라
가을을 몰고 오는 참매미 소리
태양을 닮아 그리는 해바라기
해바라기 화 - ㄴ하게 핀 골목길
이렇게 8월을 맞고

놓여나는 해방
결실의 여정에 해방의 이 8월
너 나 우리 손잡고 이 8월을 맞자
진정, 우리끼리 우리만의 8월이요
우리만의 해방이요 통일하는 8월로.

드리운 구름이 산허리를 벗긴다
쪽빛 하늘이 청량한 바람을 몰고
조국강산에 밝아라 맑아라
8월의 그리움
8월을 맞으며.

8.15

해방에다 광복을 담아
키웠던 팔월
환희의 팔월로
희망의 팔월로
통일의 팔월로
갖기를 원했다 우리는

아직 이 땅에
해방 통일 독립을
피워 이루지 못한 백성
부끄러워 숨는다
부끄러워 떤다
팔월의 하늘아 땅아!
어이 흰구름만, 어이 푸르름만
피우느냐
열어라 제발 열려다오
껍데기 걷어내고

쇠붙이 없애려다 꽃다움, 그 아름다움
조국강산에 힛뿌린 넋을, 그 숫한 혼불을
너는 아느냐 분단조국아
팔월의 하늘아 땅아!

부끄러운 백성 울음
서러움으로 깔린다.

일제로부터 해방되던 태을천부(太乙天符)의 해 을유년 을유월을 생각하면 부끄럽다. 해방이라고 했는데 광복이라고 했는데 아직도 8.15냐, 해방이냐, 광복이냐 부그럽다. 흘러 반세기를 훌쩍 보내고도 아직 우리 앞에 해방과 광복과 통일을 미완으로 둔 채 오늘을 숨쉬고 있는 내가 부끄럽다. 죄스럽다. 선열들에게 커나가는 애기들과 어린이와 소녀소년들에게 미안하다. 부끄럽다.

우리의 강산이 아름다워 탐내는 도둑들이 많아서 그럴까. 도둑을 은인으로 착각하고 섬기는 멍청이들이 많아서 그럴까. 눈 가리고 아웅한데도 눈치 없는 청맹과니가 많아서 그럴까. 속아준게 편안이다. 저주는게 이긴거다. 알고도 모르는 척하는 어질디 어진 우리네 백성. 그래서 우리는 탓을 모른다. 시비(是非)가 숫제 없다. 알고 보니 실은 우리가 힘이 없어서 그랬다. 자신을 내세울 힘. 때리면 맞받아 쥐어박을 주먹이 작아서였다. 침략을 침략이라 말할 수 있고, 악을 악이라 단죄할 수 있는 힘이 부족해서였다. 기르자 모으자 힘을, 지혜를!

한 줌도 안되는 숭미숭일 사대주의자들의 놀음을 끝장내고 빌붙어 이 땅을 노략질하는 껍데기와 쇠붙이들 몰아낼 우리의 힘을 기르자. 합치자. 해방을 위해 독립을 위해 조국통일을 위해 싸우자. 가신 우리 민족의 지도자 열사 지사들의 가르침에 따라 단합하자.

항일의 거장 면암 최익현 님의 대마도 순절, 백범 김구 님의 3.8선 베개. 열사 조성만 님의 산화하신 넋을 오늘에 되살려 배우고 화합하며 하나로 뭉치자. 부시 뒷다리만 잡고 늘어지면 패가망신 하는데, 했다던 젊은 기업가 정몽헌 님의 뜻을 기리면서 오늘을 살아 부끄러워하던 걸 멈추고 민족 앞에 나라 앞에 역사 앞에 고추설 수 있는 우리를 다듬자.

'껍데기는 가라/ 한라에서 백두까지/ 향그러운 흙가슴만 남고/ 그 모오든/ 쇠붙이는 가라'
고 어느 시인은 노래했다. 우리의 금수강산이 얼마나 아름다운 땅인데 더럽히는가. 망가뜨리는

가. 포연을 내뿜으며 개터필러의 굉음을 내며 살생연습을 하는 쇠붙이는 누구인가. 그 쇠붙이 올라타고 껍데기는 가라! 쇠붙이는 꺼져라! 그 외친 우리의 지성 젊은이들은 가둔다? 적반하장도 유분순데 이럴 수가. 분노가 이글댄다. 자! 거울을 닦자. 내면 겹겹이 쌓인 먼지를 닦아내자. 거울에 비쳐지는 부정을 쓸어내자. 닦아내고 쓸어 없이한 자리에 겨레사랑으로 꽉꽉 채우고 정의와 평등 이념으로 눌러 채우자. 그리하여 일떠설지니, 부끄러움 떨칠 수 있는 길을 넓히자. 마음과 마음 하나로 아우르고 6.15 공동선언 높이 들고 매진하지. 통일의 흰 길로!

우리는 원한다. 제발 부끄러움 없앨 그 길, 통일을 원한다. 남과 북을 이대로 둔 채 평화를 안착시키고 안녕을 찾는 이들에게 각성 있으라. 분단조국은 그대로 하고 번영을 찾는 정상배들 저주 있으라. 전쟁을 만들고 분쟁을 일으켜야 목숨 살아가는 무기상들과 그 앞잡이들 멸망 있으라.

오늘 8.15를 맞으며 환희로부터 저주 멸망에까지 마음을 썼다. 이루지 못한 통일 현실. 부끄러움 더해가는 것은 몸 바쳐 넋으로 혼불로 계신 선열들을 뵈올 면목이 없기 때문이다.

한여름 매미에게

숲을 울리고 절간 휘감아 우는 매미
이 새벽 다섯시인데도 적막은 없다
바빠서라면 고픔이 있어서라면
저리도 결바르고 고운 음향일까
합창에 중창 떨린다 온통 자지러든다
아마도 님부르는 소야곡일레
서울시청 광장에서 청계산 로상에서
부산 광주 남도의 도시 곳곳에서
고픔이 애닯음이 짓밟힌 양심이
매미떼보다 더 결 곧게 외친다
밤도와 촛불로 일렁인다.
중정원에 강탈당한 민주주의
날강도에 빼앗긴 대통령
쌍용차 노동자의 생명과 목숨
고공철탑에서, 0.75평 감방에서
이 땅 노동현장들에서
고픔을 달래고 분노를 삭이고 있다

기초적 생존권을 위해
민주와 자유를 위해
신새벽부터 저무는 밤까지
울어 울려다오. 부지런 사서라도
거칠어진 우리네 마음마음을
반민주 반통일 반평화에 매달린
저 수구 꼴통 민족반역을 일삼는 자들을
연인을 부르듯 부드러운 노래로
달래다오 사랑을 아는 인간이 되도록
매미여!

통일의 가을을 꿈꾸며

소슬한 가을 하늘
흰구름 하현달 머금고
부지런히 달린다.

능선에 올라
쉼터에서 숨 고르는데
젊은이들 발길 빠르고
어르신들 약수통 챙기신다

고추 세운 꼬리 저 청설모
가지에서 가지로 날아 뛰는데
상수리 도토리 후두둑 떨어진다.

채찍질로 재촉한데도
귀에 마음에 담을 수 없는 것은
봄씨앗 부실했고
가꾸어 세워야 했을 여름이 없었다

가을아 가을아 익는 가을아!
하지만 텅 빈 빈터는 아닐 터
이제라도 함께
수고를 나누고파
이 통일 이 가을을.

단풍이 지는데

낙엽이 진다
노란 국화 핀 위로
노란 은행잎이 진다.
노란 나비처럼 산들바람 타고
연신 날아내린 은행잎이
꽃을 탐하듯 나비되어 내린다.

버들잎 더 푸르게 하늘거리고
고구마밭 가을걷이 알알로 붉어라
만추
지는 낙엽 애잔을 밟고
바쁜 일손 지는 해 붙들고
하루의 노동에 정성을 새긴다
풍년을 기쁨으로 맞이해야 하는데
터지는 분통
농약에 비료대
농기구 대여에 품삯

종자대 로열티까지
무엇 하나 남는 게 없다.

깊어가는 가을
우수수 낙엽은 지는데.

처녀설 밟으며

불빛이 내려앉은 새하얀 눈
밟기 아까워 아끼고 싶어
한웅큼 눈뭉치 만들어보지만
설한풍이 손끝을 맵게 한다

아무도 걷지 않는 처녀설 길
터벅터벅 걷는다
순결한 아가씨의 마음길 따라
이대로 하나되어 통일이 되어
금강산 백두산도 넘고넘어
동북에 이어 시베리아 설원에서
하나의 염원 조국 찾아
해방 이루려 일떠선 그 때 그 영웅들
함께 걷는다
텅빈 가슴에 순결 채우며.

겨울을 딛고서

이마가 서늘하다
귓불이 시리다
아직 밝지 않은 신새벽
손이 곱아오고 발끝이 차다
해야 할 일은 손길을 재촉하는데
느리게 회전하는 몸과 맘
경쟁의 삶터에서
각축을 다투다가 패배자 될까봐
힘껏 추동하지만

그래도 싸움은 계속 만들어지고
조명등은 여전히 비추이는데
밝아올 날 새 아침
분명 올거라 믿음질에 힘 얻어
싸운다 또 거듭 거듭
목숨이 다하는 시각에
아침이 밝아올지라도.

기우는 한 해 보내며

마음만 바빴지 무엇 하나 이룬 게 없다
갑오년 저물 때도 그랬고 을미년도 그렇네
손에 쥔 것 없으니 속은 허허롭고
짜내려해도 되살릴 기억은 먹먹해라
생각에 생각 거듭해도 희미하고 아득하다.
이러다 만다 해도
뒤쫓아 할 일도 챙길 수 없을테니
조바심도 채근할 일도 일어나겠나
자괴감도 염치도 나태도
몸부림쳐도 잡지 못할 어젯날의 일이라면
차라리 놓아라 비워라 그냥 버려라
사유의 끝에 해방이 있을지라도
자유를 놓치니 속박인들 알랴
부질없음도 무와 공도 하물며 무념도.
바람이 살랑인다
분분한 하얀 눈발
어깨에 얹힌다.

강화섬의 말씀

오랜 세월 해조음에 시간을 싣고
가마우지 기단 목 꿈틀이는 물고기
뭍을 없수이 여기는 강상의 섬
오늘 여기 어제와 마주했네.

몽고 침략 오랑캐에 능멸당했을지라도
임진왜란 쪽바리에 혼쭐을 입었을지라도
병자호란 되놈 삼전도 치욕 떨었을지라도
병인양요 코쟁이 강도 수치스레 당했을지라도
경술국치 망국의 서러움 씹으며 참았을지라도
삼별초 구국의 기강 시퍼렇게
김덕령 홍의장군 서산대사의 혼 살았었고
오제도 홍익한 김상헌의 절개
양헌수 정족산성 척양의 포격 장했고
민영환 황현 조익현 푸르른 애국의 선혈
독립선언 2.8, 3.1
만주펄 반일의 빨치산

백범의 가슴저림
죽산의 반제 민주화의 외침 있어
민족해방 반제국주의 역사의 흐름
막고 더럽힌 Yankee의 만행
그 만행 내쳐 없애려는
구국의 기개 높아라.
서해의 고도 풍상 겪어 이겨낸
영웅의 섬 강화
한강을 끌어 길러냈고 서해를 철석이게 한
단군성조 개천의 섬 강화
허리 잘린 조국 하나로
흩어진 겨레 이어 하나로 살라하네
배달단군의 긍지 높이며
대동세상 얼씨구 좋아라
어우러져 푸르름 풀풀 품기며
맛있게 멋지게 살라하네
강화의 말씀.

게으름

게으름 피우다 게으름에 빠졌다
놀다보니 놀이에 젖어들고
잠들다보니 잠에 취했다.
중독이 어찌 약뿐이랴
취함이 어찌 술뿐이랴
나태가 나태를 낳고
심술이 심술로 이어지니
버려도 좋을 것들을 그냥 둔대서야
빠져든 나태 헤어날 줄 모르는 채
변명하려든다. 핑계대려 든다.
세태가 그래서.
정세가 그렇기에
로동탄압. 복지후퇴. 보고듣는 것마다
남북간 트일락하던 길 꽉 막히고
수소탄이 지진파를 마구 진동할 때
중국을, 미국을, 일본을, 마구잡이로
호통을 친대서야 빌붙어서야

중국을 선동하라 발등 찌키니
얽힌 김에 꽉 잡아라 미국, 일본, 뿐.
수선 떨고 있는 꼴 게으름이 아니고야
꽁꽁 언 날씨 얼어붙은 강가가
게으름을 부추긴다. 청와대 여제여!

계명성 보며

동쪽 중천에서 빛을 품어내는 계명성
하루에 두 번 본다는 개밥바라기
정갈하고 밝아라 티없이 깨끗해라
열이레 둥근달 시샘인가 구름을 걷어내고
새벽에 공원 오르신 이들 어둠길 밝혀주며
밝아라 낙엽 어둠도 밝아라

금성인 너를 두고
새벽에는 계명성 명성 신성이라
저녁 무렵엔 개밥바라기 장경성 태백성
어린이 동요에선 샛별

달이사 있는 것 예사스럽고
부지런한 며느리 물동이 이고
뿌려대는 물방울에 묻어 떨어진
계명성 너는 사랑받는 별이라지
하늘에도, 뿌려대는 물방울에도

하루를 열어내는 생활인의 가슴에도
통일을 염원하는 마음에도
길을 밝혀주고 때를 알려주는 너 계명성

풀벌레 소리 자자들고
들국화 은은한 향내 맡으며
너를 본다.

고달픈 나날인들

고달픈 하루
하루에 끝냈으면

등걸 비집고 새순 돋는 소리
묻혔던 씨앗 움터
햇볕을 바라고 치솟는 소리
다 들을 수 있고
흐르는 물 거슬러 오르는 물고기 떼
창공을 나는 대붕의 나래짓
다 볼 수 있게 여유를

평생 바라고 꿈꾸었던 조국통일
우리의 힘으로 이루어내고
단 하루만이라도 살아보았으면
고달픈 하루인들
고달픈 평생인들.

고뿔

훌적거리는 콧물이 방울져 떨어진다
고뿔이 몸에 열을 올린다
열 올리는 게 고뿔 뿐이랴
강압하는 Yankee ‘사드’로 눙치고
통수권도 모자라 명당자리 거듭 내라 하는데
몸에 열이 돋꾼다 살 떨리게 한다
새는 날엔 개나리도 산수유도 피겠지
보금자리 만들며 박새도 울어줄 텐데
고뿔은 맑은 콧물만 떨어뜨린다.

고요로움을 뚫고

시간이 자자들고 허공이 맞붙었나
정지된 듯 바람 한 점 없고
노래하던 새들도
부지런하던 사람도
없네 비었네 정막 뿐이네

정적이 고여있는
어둠이 남아 있어
산하를 잠들게 했나
트이겠지 먼동이
바람이 불어 깨우겠지
해돋이께 버 - ㄴ해지면
새도 사람도 적막 벗어나
시작하겠지
번잡하겠지
정막을 몰아내고
또 하루가 시작되리니.

산책길 인사

어둠이 채 가시기 전
숲 속 산책길

청량스레 이는 살랑이는 바람
어험!
걷고 있는 이 놀래지 마시라. 어험!

스칠 때 미소 머금고 고개 끄덕
반사런가 끄덕이며 안녕하세요 라신다
만남이 반갑고 고마워서
"안녕하세요"

하루이틀 서너달 지난 지금
통성명에 주소 전화에 이메일
사귐이 뜻이 되고 생산일러니
산책길 약수터 교감의 공간
넓이자! 정갈한 이웃 밑깔린 정으로

이기심 누루고 산책길 넓히듯
대동의 세상 통일조국 바라고
둥근 마음 손에 손잡고.

고향

많은 별들의 고향은 은하라지만
수많은 사람의 고향은 땅일까 바다일까
파고들면 우주로부터 소립자에 이르리니
그냥 고국이 고향이 어디냐고 물을 때
조선이요 장수라고 장안산 밑동네라고
해방 70년 갈라진 조국통일 못이루고
미제의 사슬 끊어내지 못하고
99%의 민중의 서러움 끌어안은 채
1%의 조정에 놀아나는 불쌍한 백성
형편이 이러하니 포근한 고향 그리며
높은 하늘만 넓은 땅만
마음에 담네
울화를 삭이며.

공부

상식이 통하는 인간세상을
예의니 범절이니 따지지 않고
보통 우리네 주고받는
알아차리고 행동하는
이렇게 소박하게 사는 게 우리네 방식
얼마나 살가우며 정이 넘치는가
막아 못하게 하지 않고
하고 싶은대로 하고
시켜서가 아니라 내키는 대로
칭찬은 얼마든지 책망없이
서로 어울려 대동의 마당에서
맞는 날 즐겁고 보내는 시간 아까워라
돕고 아끼며 나누고 베푸는 그런
오늘도 배운다 즐겁게 익힌다.

없다고 기죽지 말고
있다고 촐랑대지 말지니

고루게 바르게 사는 것
감옥도 없고 명령도 없는
화합하며 하나 되는
공부를 하자.

그날에

젊음을 앗아간 일월
원망할 새도 없이
맞으며 보내며
네 앞에 섰다.

선아기인(先我其人) 후아거(後我去)
각기귀지(各其歸止) 우하쟁(又何爭)을 누군가 말했네
펼쳐진 마당
오늘도 아웅다웅
끝 보이지 않는
생의 경영에 상채기 덧씌운다
뻐꾸기 저리 애절한데
푸르른 잎새 바람에 너울인데
슬픔일랑 분통일랑 자자들게 하라
오늘 하루 열심히 살았노라
사노라면 짠한 일도 억울한 것도

덮어지고 잊혀지며
앞에 놓여진 온갖 몹쓸 것들도
사라져 잊혀지려니
젊음을 앗아간 세월도 오히려
추억 속에서 아름다움으로 추억하리니
바라는 것 끝에서 이루어지는
그날에
통일의 날에.

그냥 이런대로

멈춤없이 어데론가 가고 있듯
분명 종착에 닿기까지 가야하는 것
험한 가시밭일지라도
파도 높은 바다일지라도

걷고 뛰다보니 분별의 지혜가 놓이고
행동의 말미에 걷우어들임이 있음도
생의 종착에 가까워서야
눈이 트이고 알만해지는 것
이것만으로도 은혜요 보람인 것을,

그러기에 이제껏 해왔듯
언제냐 어드메 쯤이냐고 새삼 묻지 말자
그냥 이대로 멈춤없이 나가는 거다
다잡아 해야할 몫을 챙겨안고
부지런 부려 예쁨 미쁨 다지며

해지니 밤도와 새아침 당겨
가꾸고 붓돋아 꾸미고 단장하자
부러움 사지 못할지라도 섭섭타 말고
깃든 정성 나눔의 자리 넓히며
스스로 믿음에 환해오지 안는가
조국통일 있음을 왜 모르랴.

금강산

만인의 우러름과 찬탄받으시는
당신은 누구시옵니까
지구의 탄생과 더불어
조화로움의 극치라시는
당신은 뉘시옵니까
돌올한 봉봉마다 도저스러워
그대로 출충히 서계시는 당신
당신의 품 하 넓다시기에
찾는 모든 이 품어 안아주신다기에
말씀도 생각도 움직임까지도
올곧음으로 바로잡게 하신다기에
지혜와 덕으로 도져계신 금강
금강이신 당신을 찾았습니다.

금강! 당신은 아십니다
민족을, 조국을, 분단의 서러움을
반역의 삿됨을 아십니다.

금강! 당신의 품에 안긴 우리 모두에게
아름다운 당신을 알게 했듯
우리가 지니고 있을 지혜와 용기
앞앞이 깨닫게 하고
6.15 시대를 엮어가는 통일역군
그 역군들의 수고로움을 위로케 하고
축복 넘치게 하시라.

대결과 분쟁 사루어 없애고
미움과 분노 털어 날리고
가슴가슴마다 원하는
화해와 평화와 알심을
활짝 펴게 하시라.

그리하여 금강이신 당신
새로운 우러름 받으시라
당신의 발아래 펼쳐지는
통일의 환희 그 축제에서
세계 평화애호민의 환호 속에
역시 당신은 세계의 으뜸
세계 속에 명산 중 명산이라
찬탄케 하라
오! 아름다운 금강산!

기다림

황량한 들
삭막한 해변의 모래밭
옷 벗은 나무나무 까칠한 마른 풀잎
외롭게 서있는 산성의 소나무
겨울의 모습

골목은 차가운 냉기
불꺼진 창 멈춘 일상
가끔씩
타이야 마찰음 남기고
정적을 고요에 맡긴 채
차는 갔다.

옷깃 세우고
목을 가슴으로 당기며
체온보존의 행위가 서럽다.

삭막 황량 적막 버리고
산하 가득 차고 넘칠 봄, 봄날을
기다리는 마음 마음들
꽃피우고 싶다 통일의 꽃을
향기에 취하고 싶다
그 꽃의.

기생충을 없애자

가뭄이 몰고온 반갑지 않은 것들
백납충의 만연
무궁화 아카시아가 몸살을 한다
옮겨붙은 숙주 어느 것이던
생진을 양식으로 마구마구 성해간다
하얀 털을 나풀이며 옮긴다
저희들도 살라고 나왔는데, 하면
할 말이 없다.
세상에 기생하는 것들이 이것뿐이랴
농민에 기생하는 지주들
노동자에 빌붙어 노임을 착취하는 기업주들
힘없는 백성 고혈 짜내는 매판자본
별의별 것들이 기생하며
빨아먹고 뽑아먹고 등쳐먹고
나라 주권마저 강탈해 먹는
못되고 몹쓸 것들 활개치며 날뛴다

없애야 한다
발붙이고 활개칠
말라가는 가뭄을
온갖 기생의 몸통을 없애고
청정한 삶의 터 넓히며
진정 우리끼리 힘 합하여
우리네 세상 가꾸고 꾸미자.

깃발을 세우다

붉은 바탕에 흰 십자
스위스 깃발
융프라우요흐 산정에 나부낀다.
하얀 새벽, 휘몰아치는 바람
불리워 휘청이는 몸 가누며
만년설 딛고 발 아래 본다.
흐드러지게 피어있는 산록의 봄
청라의 초원 짓푸른 소나무 숲
포도원, 사과밭이 알알로 익어가고
금새 만들어진 흰구름
봉우리를 감춘다.
눈까풀 피곤 또 달래려는 듯
얼음 녹아 만든 폭포의 굉음 들으란다
꿈틀대며 오르는 산악열차를 담으란다.

송곳 같이 찔러 때리는
얼음 조각 얼굴에 맞으며

나는 본다 나는 선다
낳고 자란 내 고향 장안산 꼭대기
빼어나고 고움이사 내 나라만 한데 있을라구
나는 꽂고 세운다
분단조국 하나된 터전 위에
펄럭이는 통일깃발을.

아직 몸은 알프슨데….

남은 날을

- 감호처분

감옥살이 뒤로 하고
채 꽃도 피기 전
환한 세상에 나온 줄 알았는데
구름 덮히고 썰렁한 날씨더라.

오라 가라 시도 때도 없이
왜 그리 챙겨주는 이 많은지
희떫지도 않게 배 놔라 대추 놔라 한다.

그냥그냥 살다보면 수그러들 날도 오겠지
세상물정 몰라 그런 것이려니
남 탓하기보다 스스로 다독이며 살았어라
나온지 그렁저렁 십육년
나이 팔십을 넘기고
뒤돌아 본 어젯날
곱디고운 무지개 아롱지고
태양의 따스함과 밝음을 보고 느꼈기에

가끔씩이지만 마음의 양식 부족 없었어라
깊이 숨 드려쉬고 속 찌꺼기 뱉아내라
생전에 환희의 날 못볼지라도
한 몸 더럽힘없이 여생 맞으리.

냉동

고요를 깔고 수선을 덮어라
요란방정에 분란을 떨어라
해질녘 설한풍 데리고 와
산천도 얼구고 양키에 정상배를 냉장해라
사악이, 약육강식이, 오랑캐의 만행이
해농없이 영영 동토가 되어
다시는 착한 사람 괴롭히지 않도록

남촌에 햇볕이 들고
새순 돋고 꽃필지라도
사악의 무리 준동을 막고
양키와 앞잡이 정상배에게 만
해동을 막아라
절대온도에 잡아두고
영영 갇혀 있도록.

늙지 않고 해야 할

지난 일이다 싶지만 자책이 앞선다
누굴 원망하기보단 스스로를 책망한다.

혼자 하는 일
마냥 처지고 바쁨이 없다
밀리는 일 늦으면 늦은대로
하다가 못하면 내일을 기약한다.
진찰하고 처방해서 침놓고 약짓고
그러다가 자신도 속이고
그러다가 남도 속일라
나이 탓이라 하지 말라
문답할수록 살피고 확인해야지
고단을 앞에 두고
기지개 크게 펴라 피곤이 풀리도록
매화 화사히 피고
산수유 노랗게 피었다
이 화창한 날

자괴감에 젖지 말고
다시 고쳐 하는 거다
통일 될 때까지
늙지 않고 하는 거다.

님 맞으러

님 찾아 나선 나그네 길
먼동 트기 전 첫 발 내딛고
반은 왔다며 가슴 폈것다.
꽃피고 잎 파르스름 눈길에 담으며
시장끼 털고 발쉼 멈출 때마다
되짚고 돌아보며
앞 길 가늠하며
걷다 뛰다 마음 바쁨 달래며
고개도 넘고 들녁 지나 물도 건느며
뙤약볕 갈증도 참아내며
많이 왔것다, 어데 쯤 왔을까.

우리 가는 길 앞에
뉘엿이 물든 등성이
날아 넘는 기러기 떼
하늘 높아 노을이 인다.
저만큼 보인 눈덮인 산

해동무하며 마저 넘을 산
다짐하자
칼바람 송곳으로 질러댄대도
허기진 창자 쪼르륵 댄대도
부러튼 발바닥 피멍인데도
마저 가야 한다 험난 딛고
달려가야 한다 님 맞으러.

답답, 시원한 게 없을까

시원한 게 없을까
목말라 감로수
애간장 타는데 무엇이 없을까
오르는 길 가파른 비탈길
지팡이 찾듯
가쁘게 내달린 뒤
두 손 들어올려 심호흡하듯
뭐 시원한 게 없을까.

정치판 불협화음
청와대 여제 거친 숨결
검찰의 바쁜 발길
국정원의 정보조작
이것들의 지랄방정은 맥박을 치솟게 하고
답답을, 숨막히게 하지만
뭐 하나 툭 터져주는 게 없을까
종북을 입에 달고 사는 이들에게

외세 배격 민족자주로
우리끼리 힘 합쳐 조국통일했노라, 는
뭐 그런 힘 솟는 기쁜 소식 있어
애간장 타고 녹는 이 답답을 없샐
시원한 게 없을까.

대합실

보내고 내리는
정거장 대합실
농촌의 검푸르른색 물들어가는 가을
걸빵에 보재기 가득
인심을 안고 메고 가고 온다.

넋으로 혼으로 서로 하나 되는
모란공원에 혁명이 익어가고
평온을 풀풀 날리며 맞을 좋은 세상
대동의 마당 통일의 한 길에서
사루고 묻어 없이 한 몹쓸 것들
다 사루시고
기쁨으로 함께 한
중추절 추석이었으면
모란공원 넘치는 평화로
가고오는 정거장 대합실에서
잠시 눈감고 명상에 젖었어라

되새김

포개진 시간 저 깊은 곳
천착하며 반추한다.

햇볕 모아 영그러가는 음 칠월
태세는 을해 일진은 갑술

많이도 씻기우고 많이도 바랬것다
영욕이 거듭턴데 성함을 챙겼을까
나라와 조국이 그랬거늘, 겨우
다리품 머리품 팔아
사대삭신 팔아 혼 하나 건졌다.

아직 하수상한 세태
어지러운 혼탁이 멈출 수 없게 한다
하지만 이제껏 그랬듯
나이도 생일도 잊고서
험난 발 아래 깔며 가는거다.

두견이 울어

피를 토하도록 울어예는 저 두견
슬퍼설까 분해설까
산은 저리도 푸르른데
물은 이토록 유장한데
빼앗긴 민주 찾다
님마저 잃은 저 슬픔이
둥지에 새끼마저 박살당한
삭일 수 없는 저 분통이
Yankee보다, 왜것보다 더 미운
그들의 주구 노릇 그 앞잡이들
방송에 신문에 온갖 매체
분별없이 날뛰는 것 더 미워서
차라리 스스로 매질해 스스로 아파하는
촉혼이 되어 이리도 슬피 우는 걸까
삼인작호라드니 하얀 대낮
내란 음모 혼외자식 세상을 들었다 논다.
복마전 국정원에 파란 기와집

무소불위, 수탉도 알을 낸다.

초가을 높은 하늘
울어예는 저 두견
피 토하며 거듭 울어라
또 울어라.

뒤안길

내리던 비 멈추고
시린 손 부비며
또 하루를 연다.

겁도 두려움도 많았던
저쪽 어릴 적부터 지금까지
왜 그랬을까 대담하지 못했을까
왜놈들 등살에 죽도 양껏 못먹던 시절
왜경이 우리 앞에서
아빠의 빰을 때릴 때
달려들어 불알을 훑었어야지.

팔십 넘어서도
조국이 허리 잘려 신음한대도
악의 소굴 복마전 미국놈 못부수고
개탄에 한숨이냐.
마음의 뒤안길에서….

맑고 밝아라

비 개이고
햇볕 비스듬이 산정에 머무니
푸르른 빛 몸에 맘에 물들이라
상쾌를 실어라 꾸겨진 심사 씻어라
바람아 스쳐부는 계명풍아!

상것들 사는
여의도 청와대
찌들은 더러움에 악취가 코를 째고
품어 커나는 암덩어리 어찌할꼬
게다가 먹고 싸고 또 싸는 분변의 악취
비개인 맑음으로
해비친 밝음으로
씻어 정화케 하고
닦아 청징케 하라
비개인 후 청명히 바람 불어
맑아라 밝아라.

KO패, 박그네

우아하고 품위있는 다툼이 있다는데
체면 망가지면 가면이라도 쓰라.

한 때 세상이 다 자기 것인 양
이루지못할 게 없고
가지지못할 게 없었던
공주시절이 참 좋았다.
지금은 마음대로 안된다
작은 것에서부터 큰 것까지
북남이 그렇고 중국도 러시아도
대미 대일도 마음대로 안된다
한 때 가까이 두고 머슴처럼 부렸던
비서실장, 장관, 원내총무.
머리가 크드니 어깃장 놓고
대놓고 대든다. 싸움을 걸어온다
정당도 없애고 국회의원도 싹둑 했는데
감이 나를 걸고 나의 독재를 비빔밥질이냐.

어찌하랴 미쳐 날뛰어도 차는 달리는데
뒤집기는 이미 늦었다
판정패도 아니고
KO패.

박그네 선 자리, 분통

- 탄핵을 앞두고

분통 터지는 한숨 소리
치받는 열 숨통을 막는다
서럽고 치사해서 어찌 살거나
내가 부리고 채찍 맞으며 큰
나의 뜻 미리 읽고 앞서 길 닦던
내 사람인 줄 알았는데
뒷통수를 쳐 배신을 해
대구에서 부산에서 그 믿던 곳에서
친박 진박은 어데 가고
반박 배박에 노골적으로 나를 성토해
가지고 논다 쪽박이나 찰 것들.

이게 세상 돌아가는 민심 천심인가
나의 시대는 어기까진가
그 것을 알지니
옛날의 천막당사시절이 그리워라
지난 날 아빠 밑에서

공주시절, 그립다 그리워 그 시절이
어찌할거나 욕심이 숨통을 막았는데
이 터지는 분통을
어찌 할거나.

반갑고 반갑다

\- 아시안게임을 보고

갈고 닦은 힘과 기술 겨루려
민족을 앞세우고 국가를 대표해서
모였을 젊은이들
참 곱고 자랑차다
얼마나 그립던가 얼마나 보고팠나
내 조국의 아들 딸

뛰며 차며 솟구치며
머리 우로 들어올리며
자맥질인가 우아이 치솟는 인어

경기장과 관람석 각기 떨어져 있어도
마음은 하나 통일깃발 휘날리며
풍선막대 우리는 하나 짝짝짝!

참는다. 안아보고 싶어도
어깨 다독이며 얼굴 마주 보고 싶어도

참는다. 아껴둔다.

장하다! 조선의 딸과 아들들
너희가 품겨내는 정열에
나는 취했다.
약동하는 그 힘찬 모습
조국의 내일을 담보함이랴
통일조국을 앞당김이냐
믿음이 있었기에 낙관할 수 있었고
오늘 이 작은 통일에 감동이 있다
참 좋다. 이렇게라도 만나니
반갑고 반갑다.

반갑습니다

– 아시안게임 폐막식에 온 북녘 사람들을 보며

갑작스레 발동을 걸어
세계의 이목을 당긴다.

아시안게임이 가져다준
평화의 사도 통일의 전령사
조선민주주의의 인민공화국의
황병서 김양건 최용해 함께 한 일꾼들
반갑습니다 반갑습니다

북녘에서 담아온 평화통일의 새
양가슴에 심고
싹 티우리 꽃 피우리

아시아뿐이랴 세계 도처에서 반기는
동방의 조선민이 평화로 빗는 잔치마당
일떠세우리라 서로 손에 손 잡고
오솔길 열었으니 대통로로 넓혀가자

분단조국 없애고 통일조국 건설에로
한 사람같이 일떠세우며.

반갑습니다
통일의 사절
최용해 김양건 황병서 그리고 함께 한 일꾼들
반갑습니다.

빗물

먼데 산을 나직이 돌아
뽀얀 너울이듯 너울너울 오시는 님
속삭이듯 고즈넉이 창문에 머물다가
촉촉한 입맞춤, 그 맛 일구며
금잔디 폭신한 위 앉기도
베란다 애기의자 좋아라 어루다가
발코니 잠간 돌아 지붕에 앉으신가
슬라브 넓은 곳 두들기며 장단인가
이렇듯 먼저 탈까 늦을세라 오시는 님
이렇게 당신은 가난한 이 찾아서
목마른 걸 달콤이 달래주고
힘없이 내린 고개 생기 찾아주고
산이, 강이, 들이, 당신이 고마워라며
노래로 춤으로 반기며
꽃으로 잎으로 탐스런 열매로
당신 앞에 당신 품에 안기는 걸
당신의 영롱한 모습 어떻게 그릴까

버들개지 보송송한 털 사이에 얹히고
연잎 토란잎 모란꽃잎에 얹히며
때론 시샘이듯
아가씨 눈썹에 매달리고
코끝에 대롱대롱 불빛에 무지개 피네.
넉넉한 당신의 모습 어떻게 그릴까
작은 그릇엔 그런대로 좋지라 마다않고
함지박에 양동이도 채우고
질그릇이면 어떻고
테메운 장군인들 비껴가리
장영실 측우기를 사랑했던 당신
담기는 그릇에 따라 모양을 달리할 줄 알아
어데고 누구고 가리지 않아
차별않는 당신 그래서 좋아
이젠 사랑으로 맞아 하나이고파
거치른 세상 메마른 인심
달래고 어루어주시는 당신
늦게사 깨달은 당신의 사랑
보슬이 내리는 당신의 사랑
뜨락에 내려 마중하리
함초롬이 젖어 포옹으로 맞으리.

뻐꾸기 울어

산벚꽃 필 무렵
애절이 우는 저 뻐꾸기
들어도 들어도 슬픔을 품어낸다
나라는 망하고 깃들 곳 없어,
자식새끼 잃고 안아볼 것 없어
그렇게 애절한가
촉혼이 되어 엄마가 되어
오늘도 운다
목놓아 운다.

아직도 종북이 먹히는
뒤진 땅이 서러워
아직도 민족을 배반하고
조상을 욕되게 하는
쳐진 무리들이 불쌍해
그렇게 우나부다.

나라와 민족
분단조국 저만큼 팽가치고
미제일제 상선의 농간에 놀아나는
그런 족속이 불쌍해서
그렇게 서럽게 우나보다
울어라 뻐꾸가
울어 울어라.

뻐꾸기 울어 2

많은 세월 울기만 하는 건가
봄철 이른 새벽부터
늦가을 서리발 찰 때까지
듣는 이 심금을 파고드는 애절한 울음

나라 잃은 서러움 겹친 분통
빼앗긴 님 찾아 헤메다 지친
서러움 다 모아 울다울다 피까지 토하고
지쳐 쓰러질라 스스로 달래며
흐트러진 몸매무새에 깃 다듬고
언제 울었냐는 듯 단정히 앉아

저 밑 저자거리 다투는 정상모리배들
민족을 저버리고 미제에 빌붙어
오늘마저 더럽힐 똥같은 군상들
내려다보는가 또 겹치는 서러움에
우네 또 울어 실컨 울어라.

산그늘

귀뚜라미 울기 시작할 무렵
우거진 숲은 짙은 그늘에 고요가 멈추고
맑은 호수는 산그늘을 물속에 담는다

바램이 이루어진다면
통일노 되고
환한 대낮 산그늘 찾아
쌓였던 피로 회포 풀어헤쳐
서로가, "참 수고했다"
복이 많아 통일조국 보는 거라며
산그늘 당겨 시원함 즐기렴아
할거다.

등산

검불산 가는 길
경춘선 강촌마을
짙푸른 잣나무 숲이 키를 자랑하고
문배마을 문배나무 흰빛을 풍기며
호수 솟는 물줄기 무지개를 걸었네.

책을 포개쌓듯 절벽은 펼쳐져 있고
찾는 이 발길 휘어돌아 구곡폭포
바위 새 비집고 자란 소나무 오늘도 푸르르다
둘러앉아 듣는 산상 강연 시절을 넘나들며
세계와 남북 사드와 엠디가 소화제
일본놈 방위가 누리 곳곳을 휘감아 썩히는
역사에 씻지못할 짓 또 저지르려는가
헐떡이며 오른 능선 깎아지른 절벽
내리며 가파른 길 어느 새 산하 마을.

* 검불산 : 건봉산

묘향산을 찾아

- 푸른 민족정기 살아 숨쉬는 향산

울울한 시월의 산하
명산 찾아 발디디니
붉어라 노랗다
푸르름 눌러 폭포수로 짜낸 옥수
만폭동 시린 물에
가슴을 여민다

서산 큰 스님
석장 세우시고 보현을 열으신 곳
승병 이끄신 애국의 영정전
은행 노랑 잎
밟는 발 부끄럽다.

동방의 밝은 햇살
잔잔한 물결에 은은으로 일렁인다
국제친선 관람관 푸른 기와 파란 하늘
예 있어 웬말인가 이 감격

금세 품어 안아주시련듯
다가서신 당신 우리 수령님
사무친 그리움이 눈물로 내립니다.

온 산 옹근 향내
눈에 가득 폐부 가득
우리네 산하 어덴들 곱지 않으려 할까만
유연한 향산이랴
속세간 묘향이랴.

산을 오르며

오를 수 있는 산
함께 할 인연
이루어내야 할 목표
호흡 가쁨 풀어 줄 맑은 공기
어우러져 하나로 맞이한 그 날
이런 것 있는 이는 푸를 게다.

스스로 작정하고
올곧은 알심 펼칠 수 있는
쪽빛 하늘 우러러 올려 보며
오늘을 일구어 내일을 담아낼 수 있는
이런 이는 행복의 조제자일 게다.

오를 수 있는 산이
모든 이들에게 품을 열어주듯
이겨내야 할 경영해 이룩해야 할
대상이 있는 이들에겐

용기와 지혜가 솟아날 게다.

한 시대를, 6.15 시대를 엮어낼
억세고 당찬 일꾼들
변혁을 열망하고 폐쇄와 분열을 억제하고
번영된 통일조국을 만들기 위해
부단히 전진하는 오늘의 역꾼들
이들의 외침이 우리의 산행을 일깨운다
힘을, 용기를, 지혜를 얻게 한다.
이러기에 우리의 산행은 오늘을 빛내인다.

산이 좋아

산정에 서면 부대낌 몰라 여유로워진다
발 아래 푸르름이 반기고
날으는 새등에 부서지는 햇볕이 생기를 준다.
저 밑 동네에서 일고 있는 각축도
여의도 의사당의 정치도
청와대의 오만불손도
국정원의 무소불위의 위용도
보지않고 듣지않고 말하지 않아도 되니
그 아니 좋을손가.

떠가는 구름이 산허리에 멈춘다.
골짜기 물 맑게 흐르고
뱁새 콩새 깃고르고
노루 어슬렁거리다 비탈길 타는 곳
아구살이꽃 노랗게 피려하고
솔바람 솔솔 봄을 일깨우는
이 아니 좋을손가.

산정(山頂)에서

첩첩 산에 산
산새들 잠에서 깨어나
서로를 찾고 부르네.

활엽수 야들이는 잎 사이로
청설모 가지 타고 날아잡는 햇볕

이르리니 태양아
바람이 열어주는 잎들 사이로
너의 빛이 동공에 닿네
6월의 찬란 더욱 빛내며
중천을 바라고 솟아 오르리
푸르름 속에 산새 노래하며
산정에서 맞는 싱그러운 아침
6.15!
가슴 뭉클, 되새김으로

금강산 수정봉(水晶峰)

돌올이 솟은 수정봉 삼형제
쪽빛 하늘 이고 햇볕은 희어라
봉봉이 밝아 빤짝임 휘황타
국가지정 천연기념물 금강수정봉

이름도 빛나라 자수정 백수정
금으로 새기고 파놓은 듯
기기하고 묘묘하다 앉고선 좌암입석
천만년을 하루 같이 의연히 정좌한 채
오늘의 조국강산 한 폭의 그림인 냥
보는 이 즐겨 맞고
가시는 분 아쉬움 더해주며
내침 없는 올곧음 솔바람에 속삭임

그래 수정봉 치올려다 보며
찬탄으로 섭섭 달래고
내린다 그대 품을.

삼각산을 우러러

반역의 세월 격분없이 살라 하고
서려드는 분통을 속으로 삭이라고
위에서 옆에서 강요하는 걸
허공 보며 허허로이 한숨에 묻고
청산 찾아 울분을 달래라 합니다.

해마다 산이 몸을 열고
아구사리 망울 터트리는 봄의 초입
삼각산 당신을 뵙습니다.

너그러우신 당신 삼각산이시여
산중의 산 도성을 감싸 지키는 산
어느 때나 민낯으로 반겨주시는
당신의 얼굴
백운대 국망봉(만경대) 인수봉을 우러릅니다.
당신이 계시기에 궂은 일에도 토없이 말하고
당신이 계시기에 솟는 울분도 다독여집니다

도성의 진산으로 오늘을 살피시고
잡것들의 준동을 잠재우시고
왕도적들의 탐욕을 억제케 하시고
정상배들의 놀음과 군산복합
재벌들의 망동을 저지하시고
민족을 배반하고
나라 통일을 몰라라 하는 족속 각성케 하시고
주권회복 외세배격을 알게 하시사
이 땅에 통일과 평등과 평화를 열게 하소서
바라옵기는
나날이 당신을 찾는 어진 백성들을 긍휼히 여기
시고
좋은 길로 인도하시사
당신을 고마움으로 칭송케 하시고
당신의 역사(役事) 참됨을 알게 하시사
당신을 찬양케 하소서
당신을 뵙고 평안을 찾은 이들에게 축복하소서.

야간 산행, 지리산에서

빗점골 어귀 적막으로 고요롭다.
어두운 숲길 더듬듯 헤쳐 오르다
길도 산도 계곡을 울리는 물소리도
설다 익지 않다. 도란도란 말 소리도
여명은 산에 가리워 아직 못 밝는가
이른 새벽 4시 발길 재촉
또 오른다. 저벅저벅 발길 헤아리며
얼마나 올랐을까 적막이 불러내네.
뒤돌아보며 생각의 골짝에 귀 기우리라네
뿌옇게 가리운 반야봉일까
흘러 날려 세월의 저 쪽
콩 볶듯 총성이 귀청을 때리고
민족해방 독립된 나라 백성이고파
일제에 이은 양키와 싸움 치열했다고
못다 이룬 서러움 혼이 되어 넋이 되어
지리의 골골에 봉봉에 사무침이라
이제나 저제나 아니 언제쯤

님들의 염원 이루고 님들 칭송할 때가

헐떡이던 숨 고르고 운해 짙은 골짝 더듬는다
빨치산들 영용한 싸움
우렁찬 함성으로 깨우치네.
빨치산의 지리산, 이렇게 오르내린 야간산행
숙연이 반추하며 심산의 아침 담는다.

지리산에서

세월의 무게
짓눌러 짜낸 단풍에 선혈이 맺친다
다 살지못하고 가신 님
넋으로 휘어감아 내리는가
봉봉에 흰구름 얹고
골골에 청류수 쏟아내며
기러기 높이 날아 맺친 한 실어풀어라.

님이시여!
못다한 몫이 서러움으로 잎 붉게 하고
다하지 못한 민족해방 조국통일이
이 가을 지리산골에 안개비로 젖어라

님이시어! 동지시어!
간난을 딛고 넘어 새벽을 열었어라
버둥치는 마지막 외세 쇠잔으로 헐떡인데
이제 보일 듯 잡힐 듯 통일이 지척입니다

님이시어!
지리의 영산에 쌓일 때마다
일직 가신 님들께 속울음 삼키며
우러러 다짐합니다
님들의 념원 이룩할 것을….

축령산 철쭉

말하라
축령산 철쭉아!
너 붉은 철쭉아!
이 땅의 양심 가슴가슴마다
응어리되어 뭉쳤던
그 해 오월의 분노
반독재 민주화의 정열을.

뻐꾹이 저렇게 피울음 울어대고
아카시아 내음 짙게 품겨냈던
빛고을의 그 때를.
선홍으로 물들였던
충장로 금남로 용봉대 백악언덕에서
치올라 무등산 붉은 철쭉이 되어
해마다 이 오월을 피워냈던.

노령 소백 백두대간을 따라 오르다

너 축령산 기슬과 언덕에 철쭉이 되어
잠깐 머물다 피워낸
이 오월의 정열을.

칼 아래 난도당하며
총성과 포연에 쌓인 채
무참히 짓밟히며
오월의 광주 영웅들이
어떻게 싸워 이겨냈는가를
내 강산 절경 곳곳마다
골라 피워낸 너 철쭉
넋이 꽃이 되이 디옥 고아라.

지울 수 없는 상념들을
너 축령의 품에서 태워내련다
철쭉의 붉은 빛으로 피워보련다.
곱고 예쁜 축령산 철쭉
우리의 민주 평화 통일의 염원
너 축령산 철쭉의 정열로
피워 사룰거나 꽃되어 맺을 거나
축령산 철쭉
축령산 철쭉아!

해후(邂逅), 국사봉 오르는 길에서

오르다 잠간 발쉼한 자리
만남 있어 새로움을 심는다.
국사봉(國師峰) 능선 길가
표지판이 서 있고
후절근한 옷차림인가
선두 손짓에 어험인가
다산(茶山)의 귀양길 주막도 없을라
서학(西學)을 모르는데, 모른다는데
이 길 비껴가고자 나랏님 내세울까.
휘적 휘적 무거운 발걸음
강진땅 바라고 떠나는 정약용(丁若鏞)

손 허리에 집고
이어 내리 읽어라
양녕 후백이 빙그레 맞아주고
이내 숭례문(崇禮門)을 가리키며
영달이 별거드냐 제왕도 초의(草衣)든 걸

동작나루 저무는 뱃길
도포자락 날리며 이도 휘적 휘적

가슴에 이글대는 화(火)와 한(恨)
새기며 누르며 떠났을
그대들의 속내를 그려보네.

송무백열(松茂柏悅)

빼꾸기 낮은 소리 구구기다 빼꾹
낮과 밤을 흔들며 또 빼꾹
아카시아 짙은 숲길 때죽꽃 하얗게 밝아라
푸두둥 장끼 날으며 다람쥐를 뛰게 하고
몇 걸음 톺아 오르는데 밤느정 향에 취해라
어우러진 숲 속
소나무 푸르름에 솔바람 일어
잣나무 좋아라 함께 너울이네.

상쾌한 새는 아침
부끄러운 어젯 날 다 씻어 날리고
송백처럼, 언니처럼 아우처럼
분단의 아픔도 통일로 씻어 날리고
진정 우리끼리 솔과 잣나무듯.

삼성(三省) 삼선(三善)

아름다움은 가꾸어지는 것
기쁨은 만들어 누리는 것
스스로를 달래고 다독여
돌아 본 자리 허물이 있는지
때때로 돌이켜 살핌 속에
나누네, 베푸네, 용납의 여유로움이여
믿음이 있기에 배움이 있기에
수고로움이 미쁨이 되어
우리의 세상 대동의 마당 통일의 광장에서
함께 나누는 기쁨이랴
함께 누리는 보람이랴.

산다는 것

조반석죽을 걱정할 때도
남문들 어떠리 챙겨입는
발 뻗을 자리 옹색해도
그렇게 그렇게 살았노라.

생존을 위해 각축을 다투는
요마적 시정 요란스러워
한 발 물러서면 천길 낭떠러지
이겨야 목숨 부지하며
이겨야 살림에 식구 거느리는
이겨야 양명에 성공했다는
축재에 이름 깨나 있는 인사들을 보라
출세하란다
권력을 쥐란다
지배하란다.

소박함을 찾자

흐르는 물에 푸성귀 씻고
밭 갈고 소 먹이며
생존을 엮는다
삶이여!
생활이여!

우중 성묘

부지런히 뛰는 발품
빗길에 묻힐까봐
서울 명동 출발부터 서둘었겠다
이천 지나 여주땅 남한강 공원묘지
퍼붓는 빗발 우산으로 막고
김용성 선생의 영정 비에 젖을라
이렇게 뵙고 또 달린다
남양주 묘원동산
왕연안 선생 찾을 때마다
여성이신 선생님 고맙게 추상한다.
묘자리도 정해놓으시고
철따라 꽃다발도 바꿔놓고
묵념하셨을까 큰 절로 눈물 지으셨을까
내친 김에 양평으로
김도한 선생 찾아뵙고
시 한 수 읊었어라
당신의 절개 당과 조국 위해

한생 다 바쳤다는 걸
동행한 선생들 당신을 치하하고
대추, 밤 줍게 하신 당신께 고마움 염하며
돌아돌아 어둠과 함께 왔어라.

세월이 약이라

- 박근혜의 정당 해산을 보고

짓누르는 기압골 이 어지러움으로
절망을 깔고 엄습한 실의
어둠으로 낮게 깔린다.

씹어삼키고 또 뱉어내기 거듭
까끌한 혀끝에 피멍이 들어
백반가루 엄나무껍질 황금을 머금다
이렇게 며칠 지내고 보니
몸이 맘이 길드려지는 걸까
시간이 보이고 바람이 만져진다.

그렇다니까
전라도 땅, 광주의 영웅도시
시퍼렇게 살아있다는 것
횃불로 타고 있다는 것
서울의 뚝심
청년들의 기상 그 바램

탄탄한 기틀 새로운 다짐을
보고 듣고 가슴으로 벅차게 안았다

빙점 이하의 날씨가
대지를 얼군대도
지심을 뚫고 솟구쳐 올 그 것
스쳐갈 구름 덥혔다고
파란 하늘 어데가랴
기분도 좀 높이고
일상을 되찾자

그리고 깃발을 세우자
옆길로 비껴선 사람들
잠간 외도한 고약했던 사람들
희망을 잃고 쳐져 있는 사람들
정치적 생명을 놓을 뻔한 사람들
함께해야 할 사람사람들
눈을 치뜨고 볼 수 있는 곳에
깃발을 세우자
다시 힘을 솟게 할 깃발을,

역시
세월이 약이라니까.

순리(順理)

빗물 받아 골작을 열드니
울창한 숲을 길러냈고
산짐승 보금자리 마련케 했네.
푸르른 초원 언덕에 과수원
마을을 세우고 도시도 키우고
파란 하늘에 흰구름도 띄우고
강가 나루터 해변에 항구도 만들고
다툼 없는 고운 세상 가꾸라 했겠다
지혜의 넘침인가 거짓의 만연인가
타락한 군상 보기 싫다
능멸 엄해하고 은혜를 원쑤로 갚는 짓
나눔을, 이해를, 용서를, 저버리고,

지구촌 어데 쯤 빈 곳이 있으려나
개벽이나 해야 새누리될까
복마전 청와대에 여의도를 파헤쳐
연못에 양어장을 만들자

어리석음도 아집이려니 무식도 또 한

우리의 바램 세월호의 호곡을
통한을 가슴에 묻고 울분을 삼키며
앞당겨 풀어 정화케 해야 한다
그리고 순리에 따르며
내일의 생활을 욕되게 하지 말고
물흐르듯 길을 열자.

쉼없이

평등한 세상에선 쓰지않은
귀죽지 말라.
아름다운 사람끼리 즐겨쓰는
넌 예뻐. 정말 아름다워.
민주주의 창달이 넘치는 곳에서는
민주란 말 잊고 살아요
억압과 착취가 있는 흉칙한 데서
해방을 외치고 평등을 불러대지
여기에 갑과 을의 피터지는 싸움이 있다.
계급과 계급 투쟁을 부르고
지배의 변증법적 전환이 있다.
민주주의의 발전은 이렇게 넓혀져 왔다.
평등의 세상 다 이루어질 때까지
계속 전진 계속 혁신 계속 투쟁
저 지평선에서부터
먼동이 튼다
환히 밝아온다.

슬픔이 평화

- 세월호 인양을 방해하는 무리들을 보며

보고플 때 볼 수 없는
동정어린 마음 넘어 불쌍하다.
통곡이 가슴에 막혀 눈물 마르고
실컨 울고 싶어도 울먹일 수도 없는

먹이고 싶고 안아보고 싶어도 그럴 수 없는
세월호 뭉쳐진 통한 풀 길 없는
몽니 부리는 집권의 무리 없앨 수도 없는
집안이, 국가가 거덜나는 걸 어쩌지도 못하는
힘없고 뿌릴 재주 없이 한탄에 젖은
내가, 우리가 불쌍해서 슬프다.
슬픔을 팔고 싶다 슬픔 모르는 그들에게
그리하여 참회의 자리 마련하고
산하 넘칠 눈물 쏟아라
하늘 땅 울리도록 통곡해라
정화된 마음
평화를 심자.

씨앗 뿌리기

가을 하늘 높푸르고
풀벌레 길섶에서 낮 잔치
구름은 한가롭다.

다시 내년 봄을 만들 지금
게으름 떨치고 화단 고르고
월동할 씨앗 뿌려 싹티운다.

개는 짓겠지 지랄치겠지
흐르는 물결 그냥 흐르는 건 아니다
흔적 없는 듯 소리 낮은 듯
역사는 잔잔이 때론 역동적으로
엮어내는 것

대중의 하늘 민중의 천하
일하며 흘린 땀 헛됨없이
영롱한 알알로 보람으로 맺어

대동의 세상 모두 함께 하는
그 마당으로 이르게 할
그래서 오늘도 역사는 엮어지고
씨앗은 뿌려 싹트고 있다.

알게 한다

어둠을 뚫고 유성의 빛줄기 하나
휘일 듯 지구를 향해 내리꽂힌다
점성가가 아니어도
쾌청한 날 고른 가을 영글게 할 거라는 것
이 땅의 불신 걷어내고
외세도 몰아내고
마주잡고 힘 합하여
함께 누릴 평화통일도 이룩할
일기예보 쯤은 짐작케 한다.

보라빛 머플러 머리에 매고
국가보안법 철폐 양심수 전원 석방
1000번째 목요집회 민가협(民家協) 어머니
어머님들의 외침
서울을 울리고 나라를 울리며
세계의 양심 들뜨게 해
자주 평화 민족대단결로

통일조국의 문 활짝 열릴 거라는 것
점쟁이가 아니어도 알게 한다.
알게 한다.

알려주네

바람이 일깨워주네
새소리로 알려주네
샘솟는 물소리로 속삭여주네
꽃 피는 소리 꽃 지는 소리
은밀히 조용히 들려주네

해 떠서 밝아라
달 떠서 은은해라
생과 사
상봉과 이별
생성과 소멸
분열을 통합으로
동방의 금수강산에서
분란이 하나로 이루어진다고
일깨워주네 온갖 소리로 알려주네
통일은 기필코 이루어진다고
선하디 선한 단군의 겨레

착해서 구박 받고
올곧아 고생했던 그 미쁜 것들
이젠 몹쓸 것들 나 흘러가고
통일된 세상에서 살라
알려주네.

암울을 뚫고

분란의 근원 평화의 파괴자
남을 짓밟지 않고 살아낼 수 없는 자
도처에 전쟁을 일으키는 자
지탄과 욕설과 저주를 받아야 사는 자
악의 제조자 미제국주의

해가 바뀌면 좀 나아질려나
사람이 바뀌면 달라진 게 있으려나
그들도 인간인데 인정머리도 모를까
조석 챙기고 조상 받들겠지
인두겁을 쓴 사람 새끼 제 새끼는
예뻐할까 귀여워할까 그렇겠지
이런 생각하며 많이도 참아내고 속았다
종자가 달라서 토질이 악질이라서
인종이 그렇고 풍물이 그런 걸거라며
참고 또 참으며 망 70년 내일모레
쫓아내야 한다

Yankee go Home이다
달리한 생령들 반미반일 전선에서
민족과 나라 하나로 세우려던 투사 열사
숭고한 뜻 받들고 유훈으로 무장해
쫓아내야 한다 깡그리 Yankee들을
자립자위주체로 다져진 태양민족 우리
이젠 암울을 뚫고 찬란할 태양을 향해
우리끼리 진정 통일조국 만든 터전 우에
진정 우리만의, 세계평화애호민만의
세상에서, 넉넉한 호흡하며,

애절히

그 강을 건느지 마오
절박함을 애원 담아 외쳤으리
한데도 건느다 아차
그래서 애절한가
공후인가의 여옥이여!
애절히 울어 슬픔에 젖어
저 뻐꾸기 산천을 적신다
초목도 사람의 애간장도
눈물이듯 내린다 슬픔이
도시도 미물도 젖었어라
옷이 젖고 마시는 물까지도 눈물에 젖어
젖지 않는 것 하나도 없다
슬픔을 공후인에 실어
분단된 허리 아픔을 노래할거나
절박한 통일을 애원 담아 외칠거나
그 강을 건느지마오
통일되는 걸 보시기요.

양심을 심게 하라

비 맞고 산딸꽃 더 희고
잣나무 짙푸른 녹색에 연두색 새순 얹고
단풍나무 가을인가 홀로 붉어라
아카시아 향내 은은으로 실려오고
비바람이 몹쓸 짓했나
잔가지에 꽃 매날고 부수히 딩군다.

간밤 내린 비
초목만 좋으랴
매말랐던 인심도 촉촉이 젖어
앞밭에 화단에 화분에 심고 가꾸는
푸근한 마음
여기 정치바람에 취한 망난이들 있어
미국도 일본도 남선의 청와대도
깨어날 줄 모르고 휘청거림 꼴불견

젖어라 취한 군상들 봄비에 젖어라

깨어나라 정신들게 하라
인류의 보편적 욕망이 무엇이며
민족의 분단이, 이산이 무엇을 바라는지
젖은 땅에 씨앗 뿌리듯
그들 가슴에 양심을 심게 하라.

얼마나 좋을까

고요한 아침
동해의 넘실대는 물결
서해의 펼쳐진 수평선
백두에서 한라까지
숲과 들
흐르는 강
오곡백과 은금 가득찬
금수강산에서
돕고 밀어라 이끌어라
얼마나 활기찬가
세계가 부러워하고
배우고 익히려 온다.

산천은 이른다
욕심은 좋은 게 아니라고
다투는 짓 버리라고
화합하며 믿고 일하라고

지역도 통치권도 하나로
통일이 평화라고
통일세상에서 맞는
고요한 아침
얼마나 좋을까.

얼마나 좋을까 2

밤도와 맞는 아침
길을 새로 내며 어둠 헤치고
물도 건느고 산도 넘었어라
발가락 얼어 떨어져 나가고
폭염의 한여름 땀으로 미역 감고
콩 반쪽 나누어 먹으며 눌마시고
오직 하나 민족의 염원
일제에 강점당한 조국찾는 투쟁에서
동지들의 넋과 혼 모두어
되찾은 이 아침
분단의 쓰라림 말끔히 없애고
우리끼리 우리만의 힘으로 이룩한
이 새아침 맞자
이렇게 되리니
얼마나 좋을까.

염원

강풍이 지나간 자리
심은 나무뿌리 채 뽑히고
삭정이 떨어져 길을 막았다
찌저진 가지는 제대로 아물까
피다가 나딩군 꽃망울
참혹히 널려있다 비참히 꽂혀있다
자연현상이려니 해도
가슴이 떨리고 손발이 조여든 것은
6.25적 서울의 거리마다 골목마다
한강에 지천마다
주검이 떠가고 주검이 부패하고
주린 이의 희번득아는 노략질
포탄에 불타고 허무러진 집들
버려진 고양이 떼
세월은 흘렀어도 어제인 양
온 몸을 옥죄인다.

강풍은 지나가고 살랑이는 바람불 듯
강퍅한 미제 물러가고
모든 것 넓고 싸보듬으며
우리끼리 춤추며 노래할
그런 세상 앞당겨졌으면.

옥동자(玉童子)

매미소리 자지러지던 숲길
가을을 부름인가
풀벌레 합창이 아침을 연다.

비둘기 쌍쌍이 날아간 하늘 가
한가로운 구름 위로 날틀이 흰선을 끌고 간다.

부지런을 사자 그리고 일하자
우리끼리 우리의 힘으로
늦은 듯 하지만 통일농사에 물대고 잡풀 뽑자
민생을, 인권을, 평화를.
진정 우리만의 안녕을
허리 잘린 조국강산 이어 낫기만 하면
모든 것 얻으리니 우리만의 것으로,
외세 몰아내고 떨거지 주구들 내쫓아
예쁘고 귀여운 통일의 옥동자
화려한 금수강산 강보에 쌓 받아 안으리.

외딴 고분

그 세월이 얼마였을까
낮아진 봉분 잡초 베어진 서늘한 묘역
추석명절 앞두고 찾아 벌초의 효심이
지나는 나그네 흉금을 덥힌다.
외딴 산허리
햇볕노 외면한 그늘진 자리
외로웠으니 지나는 산객도 쓸쓸한데
서린 한 자자든 서러움 함께 묻혔을까
민족의 애환 분단의 쓰라림이 풀릴 때쯤
당신의 혈육 찾아 잃어버린 혼을 모아
부활하시려나 펼쳐진 기쁨 안으시려나
명절추석이기에 더욱 안쓰러움 안고
묻힌 이의 긴 사연을 풀며
산을 내린다.

외출

부녀간의 외출 영그는 계절
알알로 탐스러이 열렸을
6.15 사과농원
외진 곳이라 둘러쳐진 철조망 낯설고
누구나 친해질 수 없는
이방지대 민통선.

신분증 출입증 검문검색 그리고 복종
이런 낮춤을 당하고도 미소로 응대
그것은 이름이 넌지시 일러 주듯
작은 바램 얻어 챙길 수 있는,

며칠 전부터 우리 부녀는
속삭이듯 약속이듯 다짐한 나들이
낯설지라도 사람이
모를지라도 내력이
발랄이 그리며 익혀 온 예행연습

손 잡고 볼 부비며
화합은 이내 눈웃음 끝에 피어나고
보람은 한 알 한 알 따 담는 사과
앙가슴에 안기리니
더딤 버리고 서둘러 떠나자.

우는 뻐꾸기

애절타 저 뻐꾸기
누굴 기다리는 애절함인가
누굴 원망하는 절통함인가
신새벽부터 울어대는 그 사연 어떻길래
두견이 촉혼 옛스러움 보듬고 울어라
시절은 바뀌고 산천도 변했건만
너 뻐꾸기 이 초봄 눈물로 적시려느냐
나라 잃은 서러움을
님 빼앗긴 원통함을
지식 앗긴 억울함을
어찌 살거나 어찌 눈물없이
꽃 피고 새움 돋는 따스한 시절
너는 울어라
애절이 애절이 울어라.

우리가 되자

진중했으면 좋으련만
호들갑에 찧고 까분다
선악시비 상하분별도 못하면서

한여름 푸르름도
물들어가는 가을을 맞는 법
흘러간 세월이 얼만데
공들여 정성 모아 쌓은지 얼만데
시기상조 대상불명이라니.

북녘 어른, 황병서 김양건 최용해
인천에서 열세시간 머물다 간 사변
세계를 들었다 놨다를 거듭한다
TV에서 신문에서 내외신이 불이 났다.
만남을 당겼드라면 좋았으련만
이제라도 오솔길이나마 텃다는 것
대통로로 오가면 통일이 될 것

이런대로 분단의 아픔 없애려는 것

한데
손사래치며 오도방정 떨며 거품 무는 족속이 있다
반민족 반통일의 무리가 있다.
대동의 마당 함께 우리끼리
옆길로 비껴간 이, 의지를 잃었던 이들
보고 듣고 힘과 뜻 찾아 함께 전진해야 할
잡생각 몹쓸 짓거리 없애고
우리가 되자
민족통일 조국통일의 한 길로
우리가 되자.

우리로!

그이가 다가왔기에 맞이하였고
나는 그이가 좋아 얼굴 마주했네.

주림에서 못벗어난 그이인지라
두려움도 아픔도 간직한 그 이 인지라
지욕에 떨고 있는 그 이 인지라
그와 함께 있노라니 젖고 말았네.

아픔을 씻어내자 두려움을 털어내자
주림도 치욕도 없애버리자
내 아픔을 그이가 갖고
그이의 두려움을 내 맞으니
하나가 되었네.

마주했던 얼굴 외로 바로
한 길 같이 보며, 걸으며, 뛰며, 날아갈거나
뜻이 오가며 한 몸인 것을

여기 몹쓸 것 털어버린 자리
곱고 이쁜 것 하나로 꽉 채울
우리! 우리로!!

우리의 봄을

삼동에만 추위가 있을까
한여름 땀흘리며 추위타는
오싹 전율을 일으키는 냉한
허기진 속 저 밑바닥에서 불어대는
가난을 얼구는 바람결.
고누름 얼구어논 간밤의 하늘
겹겹이 입어도 떨리는 삭신
세태가 꼬장 부리고
정치가 몽리 쏘아대는
험하고 악한 세상
어찌 황량한 동토가 아닐까.

추위를 몰아내자
우리들의 봄을 맞기 위해
이 겨울의 추위를
진정 인민의 따스한 정이 넘치는
우리만의 봄을 만들자.

우리의 위원장

헌헌한 장부도 출중한 용모도 아니지만
호랑이 같고 기린 같은
용맹스럽고 지혜스러운 우리 위원장.

쌍용차 덥친 그 캄캄한 어둠속에서도
주검과 마주하며 주검을 슬퍼할 새 없이
살인마와 싸워서
노동의 정신 근로의 값 제대로 찾으려했던
그 치떨렸던 투쟁정신으로
이천만 노동계급의 편에 서서
민주노총 선봉장으로 우뚝 섰다.

종교의 자비심 눈꼽만큼도 바라지 말자
사랑이니 박애니 건들이지 말자
오직 노동대중의 불타는 정열로
0.75평 감방에 갇힐지라도
굴함없이 넘어지면 또 일어나고

동지의 손 맞잡고 끝 닿을 때까지
계속 전진 계속 혁신의 깃발 휘날리며
우리의 위원장 한 상 균 동지
그대의 싸움에 함께할지니.

우리의 푸르름을

한여름 비 개인 뒤
줌으로 당기듯
눈 앞 푸르름
밝은 산을 본다.

시끌한 다툼일랑 그들의 몫
청량한 바람이 시키는 대로
8월의 한복판 가로 질러
산을 탄다.

62년 저 쪽 8.15
해방정국 그 부도덕이 판을 짤 적
왜 것보다 못된 Yankee일 줄이야
억눌림 밀어올린 새뿌리 새싹을
말과 글과 성씨 찾은
결 곧고 심성 맑은 민초를
겨레와 나라와

평화와 자주를
찾고자 싸웠던 지사 열사들을
마구 베고 마구 짓밟고 마구 처넣고
행패 사납던 코쟁이와 그 주구들
쓰러진 생령은 얼마였고
망가진 인총은 얼마였던가.

주림에 허리접히며
이념의 변조를 강요당하며
질기게 억세게 싸워 이기며
살아 온 어젯날이
그래도 푸르른 마음, 푸르른 시간이었기에
지나온 역정이 오히려 향기롭다.

이젠
마음마음을 열자
경의선 경원선이 이어졌듯
정말 우리끼리 마음 모아
하나로 잇고 하나 되게 하자.
푸르른 8월의 산정에 서서
겨레 앞에 남북조국 산하에
진하디 진한 우리만의 푸르름을
마구 품어 날리자.

우리의 힘으로

개탄만 해서 한숨 쉰다고 될 일 없다
분통만 터트리고 격분한다고 될 일 없다
머리 곧추세우고 맞받아 싸울 일이다
함께 할 일꾼 앞다투어 나올 때
격분 달래고 격려하여 손발 맞출 지혜로
세워야 할 실천강령 우선 만들어
앞으로 앞으로 싸워 이길

지나간 일이 그러하고
팽목항 세월호의 애절함
키리졸부 독수리 전쟁연습
삐라 날리는 치졸함이
우리를 선동케 한다.

분단 70년
예속의 굴레 더욱 조여오고
미제 없인 단 하루도 못버티는

그 주구들의 오만방자함을
국가보안법 없인 단 한 발짝도

우리의 힘 하나로 모아 분출하라
미제를 축출하고
통일을 할 일이다
우리의 힘으로.

울림

산 위에 오르면 고요가 어둠을 감싼다
지긋이 귀 기울이면
저 밑에서부터 울려오는 소리
마음에 담는다 심장을 울린다
억겁을 두고 울렸을 저 울림이
지축을 바로잡는 소리일까
축생을 인도하는 하늘의 소리일까
잡음이 날으고 솟구치면
잦아들고 안들리는 양심의 소리일까
분단 벽 너머 평화통일 바라는
저 많은 민중의 소리일레
날 밝기전 다잡아 매고
다 함께 가자는 통일의 소리일까
고요 속에 외치는 마음의 소리가
어둠을 밝히는 살 떨리는 절규
미망을 헤쳐 오롯함으로 나가게 하는
진정 대중을 밟아 일으키는….

울어 예는 뻐꾸기

- 세월호를 호곡하며

서러움이 저리도 절절할까
어두움 한 자락 밟고
뻐꾸기 운다 피 토하며 운다.

부모 잃은 절통으로
짝 잃은 슬픔으로
자식 버린 애통으로
운다 우국이며 운다.
철 이른 노란 잎 쇠락인가 내린다
푸르러야 할, 싱그러워야 할
생인데 생명인데
두견이 울어 예는 스잔한 아침
남해의 세월호 바람이 불러오네
빼앗긴, 죽임을 당한 생령
생령의 넋이라고 혼이라고
우네 울어 예네.

원근법

가깝게 혹은 멀리 보는 건
자세히 볼 땐 근접해서
많이 넓게 보려면 떨어져서

흔히 가까이서 보는 걸
모든 것인 양 하는데
나무가 아니라 숲을 보라
얼굴만이 아니라 속마음까지
넓게 깊게 치올려보고 들여다보라

하루 걸음 함께 걷다보면
어렴프시 속내까지 보인다고
한 열흘 자고먹고 지내다보면
멋도 맛도 그의 혁명성까지
눈이 맑고 환하게 비추인 것은
희망을 엮어내는 중일거라고
사랑을 실천하는 행동인일거라

그런 마음 그런 태도
역시 여유로움으로 그대는
오늘을 만들고 있는 그대에게
원근법을 배우고 있다.

의연하라 대담하라

하극상, 찬탈한 권력
피비린 내 물씬 품기며
선량한 인민의 시체 딛고
12.12의 전두환
5.18의 군바리
그들의 후예들과 싸우는 우리의 의장님.
경찰이 별거든가 검찰이 대수던가
당당하고 의연하라
이 땅의 근로대중을 대신하여
인민의 아들답게
2000만 로동자의 권익을 지키시라
영용하고 지혜로운 당신을
우리 인민은 그대를 부릴지니
출충한 용맹으로 싸워 이기시라
그대의 의연한 모습 승리자의 당당한 풍모
우리에게 보게 하시라
한 상 균 의장님.

이 땅의 애국자

보슬비 내리는 바깥
검게 젖은 보도 위
한낮인데 충충하다.

얼마나 오래 대결해야 하는가
압살도륙 망상의 흡수통일
전쟁없인 한시도 못살
분쟁없인 한 발도 못딛는
Yankee와 그 추종무리들
이들의 간상모리배 짓거리가
아름다운 누리 병들게 하고
날씨마저 흐리터분하게 만든다.

얼마나 공들였던가
이들의 짓거리 멈추게 하고
민족의 양심 되찾게 하여
쪽빛 하늘에 새들 날으게 하고

꽃핀 동산에 벌.나비 춤추게 하고
그런 대동세상. 통일세상 그리며
6.15도 함께 기념하고
7.4도 되돌아보며
어젯날의 몹쓸 것 닏고
밝은 내일 바라고 이루기 위해
오늘도 싸우는 이 땅의 참일꾼들
시와 분과 초를 아끼고 다투며
얼마나 자랑차게 싸우고 있는가.

충충한 날씨 밝게 하고
불신, 배반, 반동, 반역을 청산하고
진정 반기며 기쁨 나눌
그런 세상 만들 우리의 참일꾼들
하나로, 우리로, 화합의 통일로,
사대주의에 전쟁의 선동자들
그대들이여!
터진 입이라고 함부로 짓거리지 말라
소원, 민족의 염원 얼버무리지 말라
혈육 한 번 만나고 죽겠다는데
이산의 슬픔 외면치 말라
장관급회담 당국간회담
수석대표 '급' 따지는 짓거리

그 짓거리에 민생은 도륙되고
통일이 멀어진 자리에
Yankee의 되놈 왜놈 활개질 칠라
얼마나 참아야 하는가 싸워야 하는가.
우리의 참된 일꾼들
민족 앞에 조국 앞에 부끄러움 없이 하고
떳떳한, 건강한 생활인이 되게 할
그대들, 싸우는 참된 일꾼들이여!
겨레의 염원, 통일을 이룩하고
예쁘고 미쁜 이들 일깨워
함께 기쁨 나눌 그 때
우리의 참된 일꾼들
이 땅의 애국자들이여!

인내천(人乃天)

- MB의 망가진 정책을

나풀이며 내리더니 이내
하얀 풍경을 만든다
서설이라 좋아라
풍년이 올거라며 희망이 쌓이고
세상의 더러움을 온통 덮었다
순결한 눈발 거듭 내려
들에도 산에도 지붕도 거리도
쌓이고 쌓여 길이 막히고
내리고 내려 기가 막힌다
사람사람 애가 타고
이 고약한 날씨
어데 팔아먹을 데 없을까.

세종의 행복도시가 둔갑하고
4대강 흐름을 멈추게 하고
노동관계법 방송법들 고속을 타고
시류세풍이 역풍에 회오리친다.

뉘 있어 고약한 날씨 달래고
뉘 있어 미쳐 날뛰는 애늘 잠재울까
뉘 있어 하늘 우러름을 가르칠까
물은 배를 띄우나 뒤집히기도 한다는 걸
거스르고 오만한 자
망나니 몹쓸 것들에게
축복 있으라
사람이 곧 하늘인 것을….

인식(認識)

갑작스레 발동이 걸렸다
내달리고 싶은 충동은 이성이 낮추고
분화하는 감성은 마음껏 부풀리는
건너편을 안다는 건
아이가 어른으로 커나는 골목마다 길섶마다
담고 쌓고 새기고 그리는 과정
일컬어 표상, 추리, 판단, 개념, 범칙, 범주
매 단계 멈춤없이 일탈없이
의식과 사고의 넓혀지는 과정인데
알았으면 멈추지 말지니
실천하는 행동인
생산하는 일꾼이 돼야
세상사 인간사
복잡할 것 하나 없지
너나 없이 배우고 익히며 일해서 사는 것
자연은 스스로 변화하고
사람은 스스로 만들어가는 것 곱고 예쁘게

지나간 어젯날 추슬러 더듬고
미지의 것 하나하나 알아내며
알아서 챙기는 그리고 행동하는.

일정

– '님을 위한 행진곡' 을 목청껏 부르며

새벽 차 차지못해
서성이는 정류장에서
광주 망월동 야미차 있어
내달렸다, 저 먼 33년 전으로
지난 날이 그랬듯 언제나 '을' 의 위치
머뭇거리고 싶어서 그런 건 아닌데
빛고을 초입에서 13년을,
영우들의 머무신 곳 낯설기만
비추인 불빛에 푸르른 잔디 시들라
꽃다운 꽃내음 풀풀이 날리고
신묘역 원묘역 구별진 제단 크고 작고
참배드린 해년마다
설익은 민주와 통일이 떫고 시드라
무등 산그늘 미류나무 휘여부는 바람
바람에 실려 꾀꼬리 소리 청아한데
늦게 더디 피우려나 열사들의 염원
애태워 이루어지는 것이라면

붉게 뜨겁게 애간장 못태우리
이렇게 또 5.18을 맞고 보내는
소침해지려는 실향민의 로정
역사에 간치울 님을 위한 행진곡을
목청껏 불러보는 열기에
저무는 서녁에 내일을 열어줄
붉은 노을 밝게 일렁인다
머문 하루 소중한 일정.

일하다 쉬는 것이사

일했느냐 쉴 수 있다, 한데
쉬어가랬드니 엉덩이에 풀을 심어, 하기사
쫓고 부산떠는 것 보탬있을까, 그러니
챙기고 아낄 힘과 촌음 있을 때, 해서
부지런 사거라. 아니면
아쉬움은 뒤에 붙고 따를 후회랴.

애오라지 거칠은 마음밭에 만종 있을
가꾸어 다독이노라면

이제 부리고 쏟을 정성과 정열 점검하고
분단 없앤 자리 어머니땅
어우러져 함께 할 내일을 바라고
그대 그대들의 염원 영글게 하라 그렇게 되리니

달렸느냐 쉬어라, 그리고
또 달려라.

있는 대로

끕끕한 날씨 산들바람 불어
영상의 포근함이 아구사리 산수유도
섬진강가 매화도 피겠지
이렇듯 자연의 봄은 예대로 오는데
빼돌린 인간사 자연을 등지는가
동방의 수려한 백두에서 한라까지
꽃이 피듯 열매 익듯
그대로 있는 대로
백의민족 단군겨레 태양의 얼 내리받아
언제나 봄날이듯 풍성한 가을이듯
부드럽고 고소한 자연의 풍미 서로 나누며
우리들의 끕끕한 날씨 산들바람
진정 통일 이루어 그래도 있는 대로
살았으면.

적막을 뚫자

고요가 깔려있고
적막이 드리워있는 능선길
어둠은 언제쯤 걷히려나
별빛 흐름 구름에 막혔을까
스치는 유성 하나 없다
밤새 소리도 짐승 소리도
정적에 묻혔나 보다.

바람없이도 이파리는 지고 있는지
바삭이며 밟히는 낙엽
마음 줄 퉁쳤나 박동이 귀청을 흔든다.

바쁨을 사고 싶다
부지런 떨고 싶다
마음에 움트는 정중동
저제런 듯
스쳐봤던 시정

간상 홍정에서
눈 코 입 막지못하고 더럽혔다
밝아올 새벽 능선에서
바람 불리워 씻을거나
칩거를 푼 살아있는 양심과 함께
뚫자! 밝아라!
찬란한 새날이여!

전쟁마니아 저주 있으라

질기고 고집스럽고 힘이 센가보다
일제 35년
미제 71년
모질고 패악스럽다
창씨개명 말도 글도 식량까지도
일제의 만행
그런데 미제는 그게 아닌가봐
커피에 맛드리게 하고
코카콜라 맥도날드 가볍게 먹고 마시란다
석유 철강 비료 은행 증권시장
마구 짜내고 훑터가며
미사일에 핵무기 비행기에 탱크
그 것도 모자라서 폰까지
앵긴다 갔다 싸쟁긴다
길러서 키워서 우리 인민의 고혈을 짜낸다
끊임없이 한없이 짜낸다.
몰랐던가? 충동질하는 전쟁마니아

일촉즉발까지 몰고간다.
싸드도 설치하고 핵무기로 장착하고
끝없이 충동질에 한없이 전쟁선동에
미제만 살찌우는 미제의 전쟁마니아.

제주(濟州) 기행

선생님들과 함께
안성신문의 후원과 지원 아래
2박 3일 일정으로 제주를 찾았다
개인날은 아니어도 밝은 날은 비껴두고
4.3 평화기념관은 우리를 맞다
떨리는 가슴 옥죄인 사지
분통을 억눌러서야 숨통을 티웠다
불을 지피고 횃불을 밝혔다.
인두겁을 쓰고 짐승만도 못한 그 진인성
1948년 4월 3일부터 시작된
Red Hunt 3.1절 무차별 총질이 불러냈다
모골이 송연하고 분끼르 내뿜게 한
YanKee들의 야만성
만장굴의 떼죽음, 처처에서 곳곳에
이승만의 동족살인, 그 주구들의 사람 사냥질
이런 무서움을 딛고 치를 갈며
쓰디쓴 쓸개 씹으며

오늘을 살아내는 제주 인민들이여!
영웅들이여!
그 결기 살려 통일조국 건설에 일떠서자.
질척이는 비 속에서 밝아오는 서광이 보인다
가슴마다에 심으란다 차분히 다독여진 가슴에
진정 우리 민족끼리 손잡고
서로를 용서하고 평화통일의 길에 힘께 하자고
바다는 푸르게 철석이고
비행운 길게 결쳐있는 하늘이 말한다.

주인이여!!

햇볕이 없이 물이 없이 뿌리가 없이
생명을 낳고 기를 순 없다.
사람이 없이 사회가 없이 나라가 없이
평화도 자유도 펼쳐 가질 수 없다.
태초에 어둠 뿐인 것, 모태인 어둠
어둠은 혼자일 수 없고 밝음 찾아 돌고 돌았겠다
서로를 안고 끼고
음양이 조화를 부리고
발동을 걸었겠다
하나가 둘이 넷이 되고 또 팔괘가 되고
분열은 양, 융합은 음
태극의 지극함이여!
생명의 외경스러움이여!
저 끝 궁극에서 보면 모든 것 과정이듯
이합집산 분란광분도 잠깐 일었다 슬어지는 것
평면과 입체 시간과 공간
원 안에서 생성과 소멸 끈임없는

무극의 우주 돋는 감성과 이성
주인인 사람이여! 원만하거라
다스리는 이간이여! 겸허하거라
불과 물과 땅과 우주만물의 주인
다툼을, 아집을 버리고
슬기롭게 지혜롭게 화합으로 공생을
찬탄케 칭찬케 하라
주인이여!

참세상 평등평화

흐르는 시간 역사를 새기고
유사 이전 암각화가 말했을

　자연을 따르라
　함께 평화롭게 살라
　자식은 함께 기르고
　생산물은 평등하게 나누고
　방어도 협력해 함께 하며
　하늘을 살피고 시간을 주름잡아라
　살기 좋은 세상이라 이를 것이니, 했을

동방의 조선 단군으로부터
비와 바람을 다스릴 줄 알아야
땅을 달래어라 곡식을 심으라셨을
그리고 평등해라 했거늘
홍익인간은 저리 가고
어찌 시기와 능멸 서로 해하느냐.

처진 맘 추수리며

잠간 멈춰 돌아보면
서성이던 자리에 시간이 부푼다
어째서가 아닌
왜 그랬을까가 잡는다.

점점으로 놓인 아픔과
흐름을 가로 막는 부도덕을 줍는다
그랬었지, 대하에 몸 던졌던
그 격류 속에서 한갖 포말로 일었다 스러질지라도
흐름에 거슬리지 않겠노라

잠깐 멈춰섰다. 그리고 본다
뒤안길인가 지름길인가, 어떠랴
언젠가 우리만의 행열, 우리만의 큰 길로
박차고 뛰쳐나가 내달릴거라고
깨운다 달랜다
나를 일떠세운다,

청소

창 열어제끼고 총채로 털었다
햇볕에 뽀얀 먼지
걸레질에 신발 닦고 책장까지 정리했다.

마음의 거울 닦으라
누가 와 닦아줄 이 없다
심전(心田)에 도랑을 내 물을 흐르게 하고
잡초 돋을까 미리 뽑아라.

맑게 닦인 창 너머로 눈길 주니
밝아라 햇볕 심전 가득 받고 보니
부끄럽다 창피하다 눈 둘 길 몰라라
다시 닦자 쓸자 걸레질해서
더럽혀진 흔적 배어든 냄새까지

한나절 손발 놀려 깨끗을 샀다
피는 봄 따사로운 햇볕 동무 삼아서.

추모(追慕)

깊숙한 골작 우거진 숲속
한적한 고요를 바닥에 깔고
들어앉은 삼각산 삼선사

솔바람에 실려오는 꽃향기
가끔씩 들려주는 산비둘기의 노래
맡으며 들으며 일월을 엮고
드물게 찾아주는 옛동지들
비봉 오르내리다 숨고르는 등산객
이렇게 사시절 꾸려가는
12분을 우러러 뵙습니다.
최남규 선생님 유병호 선생님
살 비비며 가파하는 숨길 가늠하며
쇠침 맞던 감방이 그립습니다
권양섭 선생님 맹기남 선생님
복도 스쳐지나갈 동지 얼굴 보시려
시찰통 살며시 여실 때가 그립습니다

정순덕 선생님 안희숙 선생님
만남의 집 봄나물에 막걸리 한 잔
권하며 받으며 할 때가 그립습니다.

선생님들이 계셨기에 통일의 맥 이어왔고
선생님들께서 짚어주시고 가르쳐 주셨기에
계급전선의 투쟁이 살아 있습니다
4월 3일 날 잡아
녹쓸고 퇴색해가는 몹쓸 것 버리고
동지들의 유훈 따라 거듭 나려고 왔습니다
솔잎에 이는 바람소리 가늠하시고
다람쥐 사뿐이 뛰노는 돌계단 헤아리시며
엮다보노라면 염원도 꽃피오리다

동지들을 마음에 담고
엄동에서도 봄을 믿었던대로
조국통일 아루어 바치오리니
꽃피는 봄날 어루시며 기다려 주시옵소서.

통일 뉴스 후원의 밤

하이델베르크 대학에선
맥주도 팔고 글도 문장도 철학도 판다
인정 많은 풍요로운 정담에 사랑도 하고
의학박사 병원 원장님은
부지런히 이 상 저 상 몸을 맡기며
이럴 땐 몸도 대여섯 쯤이면 좋으련만
넓은 홀엔 섞는 말씀으로
취한 듯 어지러워 손 잡고 놓칠 않네
이학박사 늙은 몸 부리시며 하신 말씀
인생은 수학으로 풀 수 있는 게 아닐지 몰라
대머리에 경상도 경제학박사
사설에 풍류 위험수위를 넘나들고
개똥같은 세상이라며 욕설 같은 말씀
미학에 빠져 철학을 수식하길
세류가 이러한데 진선미를 논하랴
모처럼 만난 반가운 얼굴들
늙지 않고 젊게 사는 비결이 무어냐고

밤은 홍청이고 취한 언어 늘어지네
신촌 지하까페 하이델베르크
후원금 쌓이고 넘쳐라 적자 좀 메꾸자
후원의 밤은
이렇게 깊어간다.

통일만 남기고

꼭두새벽
늘 가던 능선길
눈발 하나 둘 내린다
사위는 어둠에
적막은 고요에
길도 나무도 산도
눈발에 덮여가고
새는 서녘에 눈발이 빛을 내네
세상 궂은 것
다 덮어라 지우라 없어져라
바라는 민족의 염원
통일만 남기고서.

평정을 찾기까지

부분은 전체의 일부
전체는 부분의 총합이요 통합임을

부분의 고장, 어긋나고 아픔이라면
전체의 아픔이요 고장인 것을,

부분인 채 69년 조선의 남과 북
쓰라림은 얼마였고
억압에 찾춰는 얼마였던가
본디 하나였다 한 핏줄이다
하나되어 살아야 한다
갈라서는 못사는 것 통일만이 사는 길

우리는 알고 있다
분열책동을 일 삼는
Yankee의 만행 Yankee의 계략을
빌붙어사는 기생충 깡그리 몰아내고

되찾아 하나되는 우리만의 통일
이제 행동하는 양심으로 참됨으로
거짓을 누루고
활짝 열리는 평화통일의 약속의 언약
우러러 찬양하고 기리 받들어
화합과 평화 일상의 안정 누리는
평정
평정심을 다독이자.

하늘을 우러러

산 능선 위 흰구름 하나 둘
노간주 청솔 편백의 푸르름
골을 타고 치부는 칼날의 삭풍
한냉으로 덮씨운 남도의 산하
여기 어머님 품 같은 지리산에서

마음의 창 열고
심장의 박동 잔잔으로 다독이며
뵙습니다. 맞습니다. 우러러 안습니다.
민족의 자주와 평화를
반제 반외세 반떨거지
분열 분단 하나로 아울러 이루시려
몸 던져 일떠서셨던 님
장열이 싸워 영용스레 이겨내셨던 님
넋이 서려 더 높아라 더 푸르러라
봉봉마다 골골마다
님들 계시오매 서러움 솟고

이루지 못한 염원 한으로 남아
휘어부는 설한풍으로 온 몸 얼굽니다.

님이시어! 동지시어!
간난을 뚫고 새벽 만드신 님들 있삽기에
비록 캄캄한 밤 도사린 듯 하나
버둥치는 외세 헛 것 헛힘 있는 듯 하나
이 것들 이 놈들 없어지고 물러납니다

님이시여! 동지시여!
님들의 민족애 나라사랑 찬양합니다
청사에 이로새겨 기리 남으오리다
반역의 세월 딛고
환희의 그 날 앞당길
다 하지 못한 님들의 몫과 념원
결단코 해내오리니
음향하시사 혼과 넋 하나로
속울음 피울음 달래시어
잔잔이 피어오르는 남도 산하
봉봉에 골골에 평온으로 잠드시옵소서.

하얀 낮 흰 구름

산들바람 불어 하늘은 높아라
찌저진 흰구름이 가을을 만들려나
복더위도 지나지 않았는데 청량감 있어
비온 뒤끝이라 그렇다치자
여의도 나리들 청와대 제왕님은
오뉴월에 서릿발 치는 짓거리 웬 일
권력누수 레임덕 총선을 앞두고
세력권 확장에 정권 연장의 일환이라
두어라 날씨도 그렇거늘
인두겁을 쓴 저질의 인총이랴
YanKee에 빌붙어 더부살이 하는 놀음
얼마나 갈까
푸르른 하늘에 흰구름 떠가네
진초록 숲에선 새들의 노래
고개 드니 새하얀 햇볕
이렇게 하루가 간다.

화합의 약속

약동하는 젊음의 향연 아시안게임
겨루고 맞대며 대결에 거듭 뛰는
이기면 더욱 좋고 패배일지라도 희망을 갖는
추동과 격려 화합과 창조가 환희로 이어지는
어쩌면 끊임없는 연결로
오호라! 화합해 통일로
애오라지 갈망하는 평화통일
그러리라 튼실한 믿음의 연결에로
잃었던 것 되찾고
분열로 지었던 모든 병고 없애고
하나된 나라 이룩해내고
아시아와 세계로 향하는
튼튼한 대로 굳건할 바탕이 될
인천 아시안게임
베풀고 받으며 이룩해 낼 하나되는 아시아

흙수저

흙수저가 입을 타고 회자된다.
젊은 것들 꽃다운 것들
99%를 살리라 가난을 없애라.
외치며 활기찬 기운 내품는다.
그들이 있기에 내일은 밝다.

금수저는 비껴라.
흙수저 국회로 가는 길 활짝 열어라.
최저임금 월세전세 반값등록금
일자리창출 법제화할 그들을.

벽은 높고 물결은 거세다.
기득권 지키려 물러설 기미 전혀 없고,
있는 자 앞잡이들 게거품을 물고,
뒷전에 도사린 재벌과 권력자의 음모
혼돈속일수록 흙수저 도져보인다.
가난을, 통일을, 평화평등을

없는 서러움 없애버리고
흙수저, 너희들의 세상 만들지니
마음껏 뛰고 펼쳐라
흙수저의 뜻 완결을 위해.

희망

- 인생 80 생애에

가는 이 보내놓고 뒤돌아 오는 길 보니 아득타
구비 돌고돌아 이곳에 와있네.
무심한 산하는 지는 노을에 붉게 탄다.
때는 꽃피는 시절 몸은 산수(傘壽)를 넘기고 보
는 것 듣는 소리 시들해라 손은 시린데 새들은
지저귀고 꽃피어 봄빛을 다툰다.
왔다가는 것 본래 그러한 걸 뜻을 두랴.
구름에 달가듯 휘적이며 다다른 곳,
편안을 구할까만 산수(山水) 좋아 노닐고 싶다.
영웅호걸 명필문장 때를 타야 빛나고
제철에 핀 꽃도 순우풍광에 향기롭다.
하물며 범부라 부지런 없이 어찌 서랴.
살다보니 고신간난 업고지고 왔지만
그래도 보람 하나 가슴에 가득 담고
이루어야 할 분단조국 하나로 엮어내어
다하는 날까지 부지런히 살리고 피워서
곱게 살았노라, 복되게 살았노라 했으면….

지은이 : **양희철**

1934년 전북 장수 출생. 고려대 상대를 졸업하고, 한국은행에 근무 중 '고려대학교 지하당 사건'으로 37년간 옥살이. 현재 양지딩 제원 운영. 저서 《자유의 시 저항의 노래》.

비전향장기수의 희원(希願)

지은이 : 양희철
펴낸이 : 김봉진
펴낸날 : 2017년 4월 25일
펴낸곳 : 도서출판 비움과 채움
㊤06753 서울시 서초구 강남대로 25길 15,
동인빌딩 302호
전화 02)999-0053 전송 02)998-3622
전자주소 ranto@hanmail.net
ISBN 978-89-93104-41-7 03810

값 12,000원